オカルト、スピリチュアル、
疑似科学から陰謀論まで

中村圭志
Nakamura Keishi

インターナショナル新書　121

目次

序　章　宗教と科学の混ざりもの　7
奇妙な信念の系譜／「亜宗教」とはなにか？／裏の思想史

第1部　西洋と日本の心霊ブーム　19→20世紀　15

第1章　一九～二〇世紀初頭の心霊主義　16
コナン・ドイルも認めた真正の妖精写真？／ガードナーの妖精理論／一九世紀の心霊ブーム――霊媒の出し物／エンタメか、信仰か／心霊現象のバリエーション／心霊主義台頭の背景――科学の勃興と宗教の弱体化／心の空白を埋めるもの／唯物論に反対して
コラム①　心霊の使い手たち

第2章　コックリさんと井上円了の『妖怪学講義』　41
テーブルターニングからコックリさんへ／明治版コックリさんのやり方／死者の霊か狐・狸か？／日本的アニミズムの世界／昭和期のコックリさん
コラム②　井上円了と『妖怪学講義』

第3章　動物磁気、骨相学、催眠術——一九世紀の（疑似）科学　61
動物磁気とはなにか？／動物磁気、メスメリズムと催眠術／磁気から心理へ／心という最後の開拓地／二〇世紀に続く疑似科学の系譜
コラム③　動物磁気、骨相学、同種療法、水療法

第4章　明治末の千里眼ブームと新宗教の動向　80
千里眼ブーム／御船千鶴子の場合／透視実験／実験の信憑性／不幸な結末／長尾郁子の念写／疑惑と混乱／日本における心霊主義の影響——一般社会と新宗教／心霊主義と保守的思想

コラム④　大本とその周辺――出口ナオ、出口王仁三郎、浅野和三郎、谷口雅春

補章　伝統宗教のマジカル思考　108

伝統宗教もまたマジカルである／伝統宗教と亜宗教の比較／来世観について／終末意識について

第2部　アメリカ発の覚醒ブーム　20→21世紀　119

第5章　ファンダメンタリストとモンキー裁判　120

ダーウィニズムの出現と進化主義の時代／「創世記」VS『種の起源』／ダロー VS ブライアン／神が止めたのは太陽か？　地球か？／なぜ進化論を目の敵とするのか？／進化論の誤読／感情的に見合うものを求める／ハリケーンはボーイング747を組みあげられるか？／クレーンとスカイフック

コラム⑤　ファンダメンタリストとペンテコステ運動

第6章　UFOの時代——空飛ぶ円盤から異星人による誘拐まで　152

戦後のアメリカ社会が生み出したUFO言説／ケネス・アーノルド事件／「空飛ぶ円盤」の語源／平和の使者か、侵略者か／ヒル夫妻誘拐事件／なぜ人は異星人に誘拐されたと思うのか？／アブダクションとアイデンティティ／異星人による法悦

コラム⑥　L・フェスティンガー『予言がはずれるとき』

第7章　ニューエイジ、カスタネダ、オウム真理教事件　183

ニューエイジとはなにか？／カウンターカルチャーと「意識の変革」／政治運動からサブカルチャーへ／ビー・ヒア・ナウ／ハーバード大教授からニューエイジのグルへ／カルロス・カスタネダ——マジックのレトリック／超常現象問答①／超常現象問答②／優れた宗教的テキスト？／マジック文化の帰結／オカルトからカルトへ

コラム⑦　真逆を行った二人のユダヤ人——ラム・ダスとウディ・アレン

第8章　科学か疑似科学か？──ESP、共時性から臨死体験まで　223
超心理学とガンツフェルト実験／テレパシー実験への疑惑／抑圧された記憶／共時性（シンクロニシティ）／ユングのオカルト性／理系と文系の本質的差異／文理のキメラ的融合／ソーカル事件／事実と解釈／臨死体験言説／日米の思い入れの差／類似の効用と曖昧性
コラム⑧　神秘思想を比較する？──井筒俊彦『コスモスとアンチコスモス』

終　章　陰謀論か無神論か？　宗教と亜宗教のゆくえ　264
二〇世紀の諸言説の陰謀論的傾向／レプティリアンの陰謀／Qアノンの幻魔大戦／陰謀論の時代？／無神論の時代？／無神論は（亜）宗教か？／伝統宗教の偏見／「不信」という信仰

参考文献　287

序章　宗教と科学の混ざりもの

奇妙な信念の系譜

昨今、話題となっているものの一つに陰謀論がある。二〇一七年にアメリカ大統領に就任したドナルド・トランプは事実か確証のないツイートをするのに余念がなかった。また、彼の任期には荒唐無稽でゲーム感覚でもあるような「Qアノン」なる陰謀論が、一部の人々の間で熱心に信仰された。二〇二〇年にトランプが選挙に負けると、翌年、これを陰謀と見る者たちが連邦議会議事堂を占拠し、人々を驚愕させた。地球温暖化否定論や反ワクチン運動もまたおおいに流行したが、これらもまた概ねは陰謀論であり、疑似科学である。全体として、事実よりも信念あるいは宣伝・広告のほうがものを言う時代が来てしまった感がある。

振り返れば一九七〇～九〇年代にも、非科学的な言説が世の中に流通していた。オカルト番組は多かったし、ポストモダンの評論にはスピリチュアルな疑似科学が入り混じっていた。世界的に中産階級が拡大しつつあったこの時代、いまよりも明るい調子で、庶民も評論家もみなけっこう「知の冒険」的な言葉のマジックを楽しんでいたのである。少なくとも、現代と比べて昔が知的な時代であったわけではないのだ。

本書は政治闘争や社会構造を分析するものではなく、私もその方面の専門家ではない。私にできることは、時代をさかのぼって奇妙な信念をめぐる小旅行をおこない、いまという時代を俯瞰《ふかん》してみるよう、読者をお誘いすることである。荒唐無稽な信念、疑似科学的な言説なるものは昔から繰り返し世に現れた。一九世紀、二〇世紀と続くそれらの系譜上に二一世紀の知的状況があるのだ。

本書では、近現代に生まれた非科学的で宗教めいた信念や言説を便宜的に「**亜宗教**」と呼ぶことにする。取り上げるのは、一九世紀の**心霊主義**とその周辺、二〇世紀の右翼的亜宗教の代表としての**ファンダメンタリストの反進化論**、左翼的亜宗教の代表である**ニューエイジの覚醒運動**と**ポストモダン言説**、そしてＳＦがカルト化したような**異星人信仰系のＵＦＯ言説**などである。

これらはすべて何らかの意味で現代の陰謀論や疑似科学の先駆けである。死者の霊の存在を信じる心霊主義者の言っていることは、現代ではひどく素朴に聞こえる。しかし、じつは彼らのロジックと同じものが現代にも繰り返し現れている。反科学的なファンダメンタリストには「民衆の擁護」という大義があり、その情念は現代のトランプ主義者に受け継がれている。ニューエイジやポストモダンの時代には、左翼の立場から「科学的事実は相対的なものだ」という言説が流行しており、二一世紀には右翼の立場で同じようなことが言われるようになった。UFO信仰は特異なカルトのようだが、現代の陰謀論の原型でもある。

昔の流行現象は珍妙にも思えるが、現代のわれわれだって多少話を複雑化しているだけで、やっていることにさしたる進歩はない。だから、一九世紀の千里眼騒動からも、二〇世紀初頭の進化論裁判からも、二〇世紀後半のヒッピー文化や、観念的な言葉に溺れて自滅したポストモダン言説からも、教訓を得ることができる。

歴史旅行を楽しみながら、これをやってみようというのが、本書の試みである。

「亜宗教」とはなにか？

いま述べたように、「**亜宗教**」というのは私が便宜的に与えた呼称で、**宗教によく似ているが、伝統的な意味での宗教そのものではないような現象あるいは言説**のことだ。

伝統的な「宗教」は概ね、①神仏や先祖の霊や精霊などの超越的な存在を信じる、②マジカルで奇跡的な出来事を信じる、③信者たちは人生の意味や救いを感じる、④そうした世界観を通じて信者たちの間に規律や連帯感が生まれる、などの特徴をもっている。

「宗教」ごとにスタイルや強調点が異なり、キリスト教では①の神の神学を非常に重んじ、日本の新宗教などでは②の病気治療などを強調し、仏教では③の悟りや安心立命《あんしんりつめい》などを強調し、イスラム教では④のイスラム法に基づく社会秩序を強調する。

本書で取り上げる「亜宗教」の一群は、半ば「宗教」に似ている。心霊主義では死者の霊を信じる。UFO言説に出てくる異星人は神に似ており、UFOの動きはしばしば奇跡的だ。進化論を否定する一派は聖書に根拠を求める。ニューエイジは仏教の悟りに似た覚醒を信じるもので、しばしば占いや易や転生などを信じる。いわゆる陰謀論はひどく否定的な信仰だが、信奉者たちは自分たちが真理の守り手だと信じており、集団的に振る舞う。

しかし、それらにおいて伝統的な「宗教」のスタイルはだいぶ崩れている。心霊主義は来世観はもっているが、神の存在はどうも希薄だ。UFO信仰は確固とした礼拝の儀礼をもっているわけではない。反進化論の保守勢力はアメリカ愛国主義に走っている。ニューエイジはさまざまな信仰の盛り合わせで、相互に矛盾しているが、あまり気にしていないようだ。陰謀論者は時とともに教義をどんどん増殖させていく。

また、「科学」的であることを標榜するのも、伝統的な「宗教」と異なる「亜宗教」の特徴だ。心霊主義者は心霊写真などのエビデンス（？）をもって幽霊の実在が実証（！）されたとしばしば主張した。UFOを異星人のスペースクラフトと信じるのは信仰めいているが、当人たちにとってはあくまで科学的事実性の問題だ。反進化論は、当事者にとっては進化論以上に正統的な「科学」だ。ニューエイジはニューサイエンスなどの疑似科学的主張と結びついており、ポストモダンと呼ばれる人文・社会科学系の言説とも相性がいい。温暖化などを否定する陰謀論者は、独自の科学的推理を働かせることで、世界中の科学者とは正反対の結論に達している。

基本的に、一八世紀以来の自然科学や考古学や歴史学などの急速な発展により、伝統的な宗教の教えや実践にさまざまな疑問符が付されるようになり、一九世紀には少なくとも先進国において宗教の威信が大幅に低減した。宗教離れした人々の多くは、自然科学系の冷徹な合理主義だけで人生を組み立てることに自信が持てなかった。たとえば宗教とともに来世の永生《えいせい》が消えてしまうのは寂しかった。宗教の提供物であった集団的規律が失われるのを危惧した者たちもいる。二〇世紀には戦争、冷戦、格差、環境問題など、新しい危機が次々と生まれたが、これを乗り越えるために新たな宗教的覚醒が必要だと考えた者たちもいる。

人間はなにかを信じていたい生き物である。宗教の権威を頼れなくなった人間の心の空白には、疑似科学やナショナリズム的な偽史、異星人から陰謀的な幻魔大戦のドラマまで、なんでも棲《す》みつくようになった。

かくして生まれたポスト宗教時代における、試行錯誤的な宗教風の運動や言説が「亜宗教」だというふうに、とりあえず見積もることができる。そして政治的な保守・リベラルの対立や経済的な階級的対立がこれに絡んで、相互に影響を与え、構図をややこしくしてきた。

　本書では、ナチスなど枢軸国の幻想やナショナリズムをめぐる神話についてはあまり触れていない。いわゆる新宗教についても、いくつかのものに触れただけである。政治方面や新宗教方面はたしかに大事だが、それらにまで手を広げると、到底新書一冊ではカバーできなくなる。それに、ナショナリズムや新宗教については、一般向けの解説書も豊富だ。

裏の思想史

　本書の各章は相互にゆるやかに連関している。全体を読まれると、ある程度の話の流れが見えてくるだろう。人間はいつでも個人的に思索をおこなっているが、たいていそうした考えは夢想的なもので、それがしかるべきチェックを受けることなく社会に出てくれば、疑似科学やオカルトになる。そのうちのいくつかはブームを呼び、「新時代がはじまった」と喧伝されるが、やがてマンネリ化し、勢力を失っていく。

　亜宗教が人類の知恵の発展に積極的に寄与することは概ねないと言えるだろうが、しかし、人類思想史の裏面を教えてくれるという意味で、貴重な情報アーカイブとなっているのである。

今日あなたが目にしている、あるいは思いついてしまった亜宗教には、似たような先例がある。だから一〇〇年以上前の交霊術や千里眼の歴史を知ることにはおおいに意義があるはずだ。

本書では、亜宗教的な言説の鳥瞰図《ちょうかんず》を得ることを目標としているが、オカルト的な主張に対しては基本的に**「それが真実である蓋然性は限りなく低い」**という立場で扱っている。

それは、そうした現象のブームが歴史的に一過性のものであり、長い歴史のなかで万人に納得のいく形で実証された内容を概ね含まないからである。これらの亜宗教は、その時々の社会心理や諸々のイデオロギーとの関数だと割り切ったほうがずっと筋が通る。

現代の科学や通説がすべてではないが、そのことは亜宗教的な言説の価値を少しも高めない。非常識なことが起きたことを実証しなければならないのは、主張する側であり、主張を聞かされる側ではない。

なお、私は欧米のZ世代がどんどん無宗教化・無神論化していることを興味深く感じている。一〇年もすれば、二〇世紀的な亜宗教をめぐる社会の構図も——政治の構図と同様に——様変わりするのではないか。人間性のなかの不合理なものと合理的なものとは、次世代においてはどのような布置になるのだろうか？

読者にもそういった視点で、知識の変動の著しい現代という時代を眺めていただければと願っている。

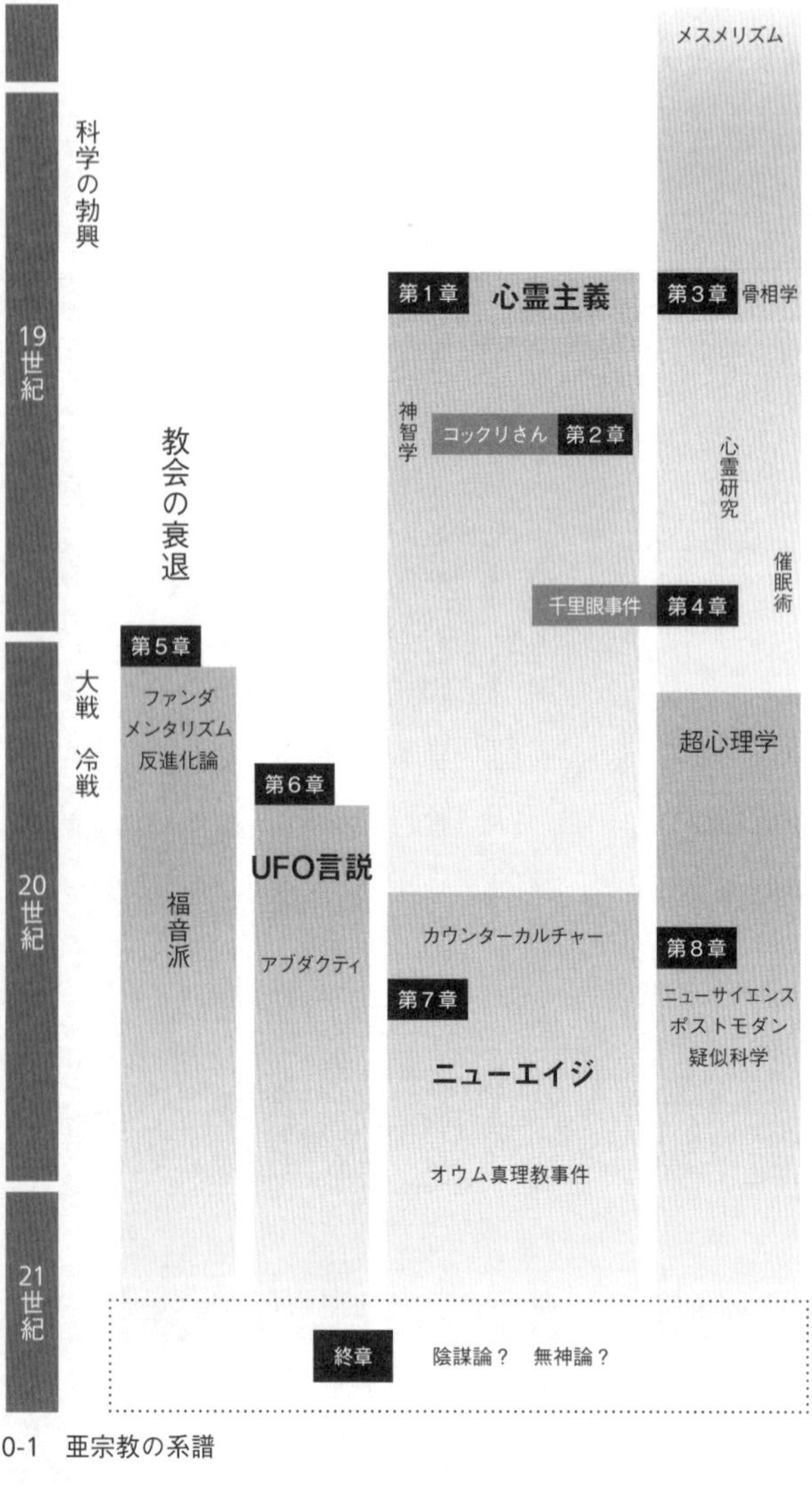
19世紀
20世紀
21世紀
科学の勃興
教会の衰退
大戦
冷戦
メスメリズム
第1章
心霊主義
第3章
骨相学
神智学
コックリさん
第2章
心霊研究
催眠術
千里眼事件
第4章
第5章
ファンダメンタリズム
反進化論
福音派
第6章
UFO言説
アブダクティ
超心理学
カウンターカルチャー
第7章
ニューエイジ
オウム真理教事件
第8章
ニューサイエンス
ポストモダン
疑似科学
終章
陰謀論？　無神論？
0-1　亜宗教の系譜

第1部 西洋と日本の心霊ブーム 19→20世紀

第1部では、一九世紀にはじまる心霊主義の周辺を扱う。いまから見れば素朴で微笑ましい話が多いが、まずはこの古きよき時代（？）の牧歌的な光景から亜宗教めぐりの旅をはじめたい。

第1章　一九～二〇世紀初頭の心霊主義

コナン・ドイルも認めた真正の妖精写真？

左の写真をどこかで見たという人は多いだろう。かわいらしい少女のまわりを楽しげにとびかう妖精たち。背後には小さな滝。湿っぽそうな沢に出てくるのは、日本ならさしずめ河童か妖怪だが、この写真の舞台は英国だ。日本より乾いたイングランドの牧草地のそこかしこに大地をえぐるようにして流れる小さな沢（ベック）にふさわしいのは、やはり昆虫の翅《はね》の生えた小さな妖精たちだ。

これは一九一七年にイングランド北部にあるコティングリーという小村のベックで撮影された「妖精写真」だ。写真に写る少女の名はフランシス、当時九歳。撮影したのはいとこのエルシー、当時一六歳。二人は一七年と二〇年にあわせて五枚の妖精写真を撮っている。

これらの妖精、べったりと平面的で、見るからに切り紙細工っぽいが、実際に切り紙細工であったことを、一九八〇年代にすでに老人となった少女たちが告白している。フランシスが持

1-1　フランシスと4体の妖精（1917年7月撮影。撮影者はエルシー・ライト）

っていた『メアリー王女のギフトブック』という絵本にあった妖精画を、絵が得意なエルシーが写し取り、切り抜いて沢の土手のキノコにピンで留めて撮影したというのだ。[*1] 絵本の妖精と写真の妖精を見比べると、ポーズがそっくりである。

少女たちにしてみれば、家族を驚かすための思いつきのようなものだったのだろう。これを信じる外部の大人、それもちょっと偉そうな紳士が出現したことに、むしろ困惑したにちがいない。その外部の紳士、神智学協会《しんちがく》の役員エドワード・ガードナーは、ロンドン在住のコナン・ドイル――あの、名探偵シャーロック・ホームズの生みの親である超人気作家――の照会を受けて、写真の真正なることを伝える。

＊1　一九七八年に英国の挿絵本研究家フレッド・ゲティングズが指摘した。一九八一年に社会学者ジョー・クーパーの追及に対して二人がフェイクであることを告白した［クーパー］。

ドイル卿は最初は少し疑ったようだが、写真が五枚も出そろった二〇年のあたりではすでに降参しており、ホームズものを連載していた人気雑誌「ストランド・マガジン」の一九二〇年クリスマス号に妖精写真に関する評論を寄せる［ドイル①］。それも、「人類思想史上の新時代を画するものになるだろうと申しても、決して大袈裟ではないだろう」なんて、じつに大袈裟な文句をしたためたエッセイである。雑誌は飛ぶように売れ、三日で売り切った。

少女たちは今さら引っ込みがつかなくなった。「切り紙細工でした」と告白することもできず、やがてドイル卿が亡くなってもガードナーが亡くなっても告白できず、数十年間そのままにしておいたのだった。

いや、実のところは彼女たち、自らの生み出したフィクションと共存する人生を楽しんでいたのかもしれない。なぜと言えば、英国には、玩具の怪獣をネス湖に浮かべて有名な「ネッシー写真」をつくった御仁[*2]やら、一〇年以上にわたって夜な夜な他人様の畑で精密に設計されたミステリー・サークルをつくっていた老人二人組[*3]やら、夢溢れるフェイクニュースを公共の福祉の一種と考えている方々が大勢いるのだから……。

ともあれ、これらの写真が「新時代を画する」大それた妖精写真になったのは、あくまで著名人であるドイルが本気になって宣伝したからだ。現代における「インフルエンサー」が、時に非科学的な言説の発信源になるのと似ている。妖精写真については、当時においてすら大多数の人々は、疑うか笑い飛ばすかしたもののようだ。「紙でつくれる」という意見もあった。しかしドイル卿は、紙でつくれるからといって紙でつくったという証拠にはならないと言い返した。

1-2　霊と一緒に写真に写るコナン・ドイル（1922）

彼はすでに心霊写真（死者の霊の写った写真）の真正性を信じていたが、これをめぐっても、「イカサマでつくれる」という意見を「すべての心霊写真をイカサマと呼ぶべき理由はない」「批判のための批判をする者はそんなことを言うものだ」との意見で退けている［ドイル①］（ちなみに、超常現象でも疑似科学でもカルト宗教でも、今日に至るまで、この種の論法が繰り返し現れている。三段論法的推理として一応もっともなのだが、イカサマであるかホンモノであるか

＊2　一九三四年の「デイリー・メイル」紙掲載の有名なネス湖の怪獣の写真が模型を使った写真であることを一九九三年に首謀者マーマデューク・ウェザラルの養子が告白した。
＊3　一九九一年に英国のダグ・バウアーとデイヴ・チョーリーが一〇年以上にわたって夜な夜な畑に侵入して小道具でつくっていたことを告白した。

それぞれの蓋然性（確率）で評価してみようという発想が欠けている点が、この種の意見の弱点となっている）。

ともあれ、ドイルは大まじめだった。彼は犯罪推理小説を確立させた知的な小説家としての側面の他に、英国が関わった戦争で義勇軍運動を起こした熱烈な愛国者としての側面、そして出征して亡くなった我が子の霊に再会したいがために心霊写真の真実性に賭けてしまう情の篤い家庭人としての側面をもっていた。大きな人間だったのである。

ガードナーの妖精理論

ここで、妖精写真発掘者のガードナーが写真を本物と認めることになった理論的背景を説明したい。

ガードナーは神智学協会というオカルト系の団体に属していたが、この団体の思想はアイルランドや英国のローカルな妖精信仰に関わるところがない。しかし、たまたまこの時期、英国神智学協会が伝道の一環として幻視によって自然界を観察することを推奨していた。そのため、ガードナーはコティングリーにおける妖精写真の出現に注目したのであった。彼自身が園芸家でもあったということも影響していると思われる。

ガードナーは、写真を目にしたとき、これはひょっとして……と期待をかけた。写真技師に見せたところ、二重露光、人形の使用などの偽造技術によるものではないとの意見であった。

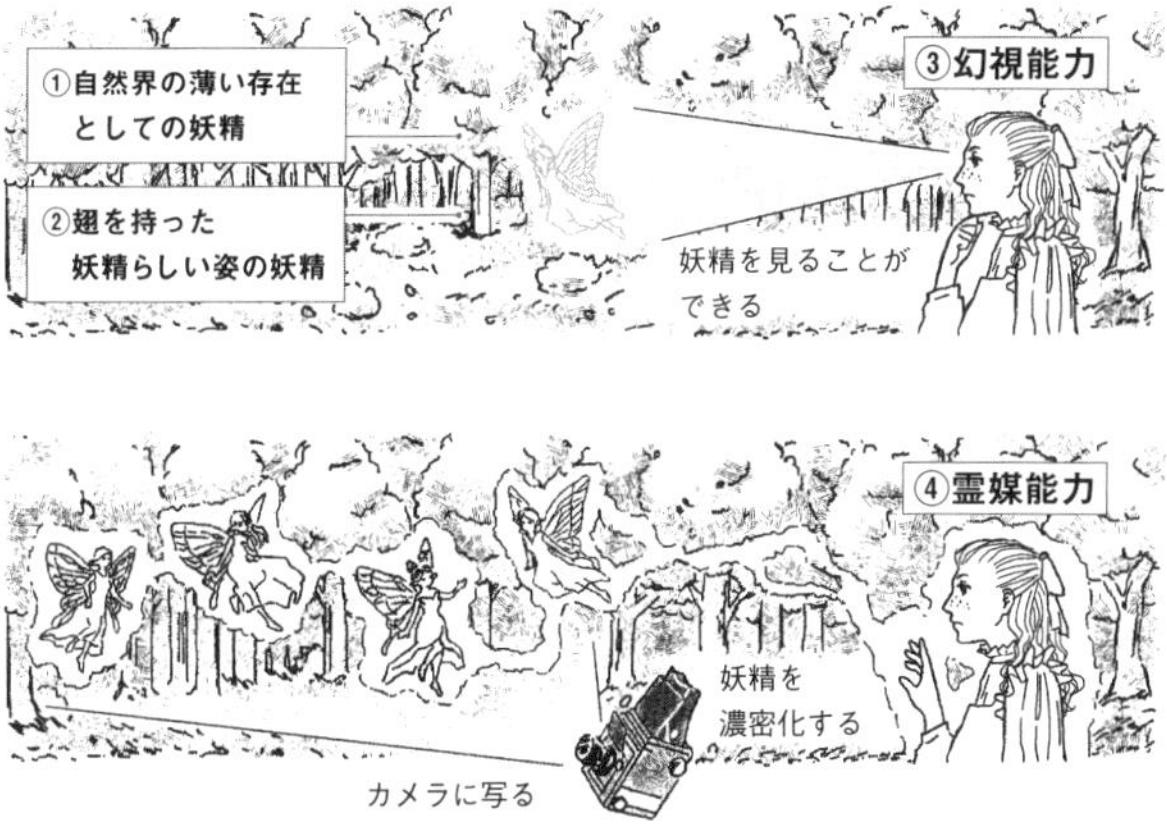

1-3　妖精を見る幻視能力と妖精を写真に写す霊媒能力

ガードナーは妖精と妖精写真についてあれこれ考えて、結局次のような理論をつくり上げた「ドイル①（第8章）および井村・浜野（第9章）」（上の図参照）。

①妖精とは、物質としての濃度が希薄な生物的存在であり、自然界において太陽エネルギーを媒介して植物の成長を育むなどの働きをもっている。

②昆虫の翅をもった妖精の姿は、人間の想念などの影響のもとに生ずる一時的な形態である。

③フランシスのような「幻視能力」の高い人間は、妖精の肢体をまざまざと見ることができる。

④彼女の高い「霊媒能力」は、本来は希薄な存在である妖精を一時的に濃密化して固体のようにした。カメラで光学的に捉えることがで

きたのはそのためである。

つまり、妖精というものは客観的に実在しているのだが、その姿かたちは人間の精神の働きによって形成されるのであり、存在性の濃さ・薄さや写真に写るかどうかもまた、近くにいる人間次第で変わるというのである。

こんなふうに考えてしまえば、たとえほとんどの人が妖精を見たことがないとしても、妖精の形態が生物学的に奇妙であるとしても、妖精写真がいかにもつくり物めいて見えたとしても、フランシスとエルシーの撮った写真の「真実性」が揺らぐことはなくなる。まさに万能の理論だ（妖精であれ、霊媒であれ、通常の知覚的事実を超えた存在性や能力を付与してしまえば、実証できなくても反証もできなくなる。宗教と亜宗教はこうした万能型の理論が得意なので要注意である。ちなみに、神の存在に関して不利な証拠が現れても、神の「真実性」が揺らぐことのないように図る議論が、いわゆる「神学」だ。ガードナーのこの理論は「妖精の神学」と呼べるかもしれない）。

さて、心霊主義者のドイルにとっても、ガードナーのロジックは好都合だった。

彼自身にとって大事なのは死者の霊の存在であって、妖精の存在ではない。しかし、もしガードナーが説明するようなカラクリで自然界の希薄な存在が写真に写るのであれば、死者の霊という希薄な存在が霊媒の濃密化のパワーによって写真に写る可能性が出てくる。これは息子の死を悼むドイルにとって朗報だった。

結局、コティングリーの少女たちが「信じて」いた、絵本に描かれるような妖精それ自体は二人の大人にとってそれほど大事なものでなかった。一方で、少女たちが撮った妖精写真のほうは、彼らの「神学」的イデオロギーにとって好ましいものだったのである。

ちなみに、ドイルの奉ずる心霊主義とガードナーの奉ずる神智学とは、互いに近い関係にあるけれども、少なくとも当事者にとっては似て非なるものであった。というのは、心霊主義では交霊会などで死者の霊とコミュニケートすることができると考えるのに対し、神智学では霊媒にとり憑いたりする霊を低級な霊ないし悪霊と考えていたからだ。神智学もまた霊を信仰するが、死者の霊は霊界において解脱へ向けて修行中の存在だと考える。このあたりの考え方は仏教などの影響を受けている。

一九世紀の心霊ブーム――霊媒の出し物

以上の解説で、古典的な心霊主義やらオカルトやらの雰囲気をちょっとつかんでもらえたのではないだろうか。一つ見えてきたことは、霊的事実というのは人々のやり取りのなかでつくられていくものだということ、「何が真実か」ということをめぐる人々の意識には幅があるということである。

ドイルが心霊写真や妖精写真に夢中になったのは二〇世紀初頭のことである。ちょうど第一次世界大戦のころだが、交霊会とか心霊写真というのはすでに流行がはじまってから半世紀以上がたっていた。どちらの流行も一九世紀の中ごろに突然はじまったものだ。

その小史を紹介しよう。

交霊会の形式そのものは古くからあったが、満座の中で霊媒が霊を呼び出すショー的交霊会ブームのきっかけをつくったのは、ニューヨーク州ハイズヴィルに住むフォックス姉妹——こちらもまた一二歳と一五歳の少女たち——だった。一八四八年のことだ。これをきっかけに米国でも英国でも欧州でもプロないしアマの霊媒が続々と出現したのであった。

全国津々浦々の家庭、職場、集会所にて、霊感の強い人を囲んで座席につき、みなで手をつないで、死者の霊を呼び出して質問にトンとかトントンとかのラップ音で答えさせるといった素朴な交霊会がおこなわれていた。これがアマチュアのレベルだ。

プロともなると、かなり凝った芸をいろいろと編み出して、ちょうどマジックショーのような感じでプログラミングされた交霊会を繰り返していた。当時のことだから代金を取らなくても金持ちや貴族をパトロンにもつことで裕福に暮らせたようである。

出し物は一〇年かそこらの間に増殖し、霊が音を立てて参会者の質問に答える定番のラッピングの他、人々が着座するテーブルを霊が動かすというテーブルターニング、暗がりの交霊会において何やら小道具が宙に舞った気配がし、誰も触れていないはずの楽器が鳴り、戸棚の間からぬうっと霊の手が出現したりするといった騒々しいもの、もっと穏やかなものではどこからともなく芳香が漂いはじめるなど、多様なレパートリーが並ぶようになった。

霊媒自身はしばしばワードローブのような小部屋に入り込み、参会者の見守るなかで椅子に縛り付けられる。扉を閉めると霊媒はどうやら無意識の憑霊《ひょうれい》状態になるらしいのだが、お約束として参会者は霊出現の間、小部屋の中がどうなっているかを確かめたりはしなかった。

で、この霊媒の交霊作用によって楽器が鳴ったりする。時には霊媒の神通力は薄暗がりのなかで死者かなにかの霊らしきものを視覚的に出現させたりする。現代では同じことをやっても、参会者の誰もが「こいつは霊媒自身か霊媒の助手が白塗りになって白いシーツでもひっかぶって演じているにちがいない」と考えることだろう。ところが、ここが不可思議なところなのだが、当時の多くの人がこれを本物の霊だと思ったと言われる。出し物が終わって小部屋を開くと、霊媒がやはり紐で縛られたまま気を失って坐っているのだから、こりゃあ本物に違いないと。

エンタメか、信仰か

おもしろいことに、同時代の専門の奇術師たちは、縄抜けなんて簡単にできますよと実演して見せてくれたりしていた。今日でも超能力のウソを暴くデバンキングということをやるのは専門のマジシャンであることが多い（たとえばユリ・ゲラーのスプーン曲げと同じことをやってみせた故ジェームズ・ランディは、日本でもよく知られている）。

インチキ暴きとしては、交霊会の礼節を破って、出現した霊の腕をひっつかんだり、禁断の小部屋を開いて、そこがもぬけの殻であり霊媒のドレスが散乱しているのを発見したりするツワモノもたまにはいたが、そんなことをやっても「興ざめだ」と思われるのがオチだったようだ。どうやら交霊会の参会者たちは、昭和や平成時代のＵＦＯだの徳川埋蔵金だのＦＢＩ超能力捜査官だののテレビ特番を楽しみに見ていたお茶の間の視聴者たちと同じで、あるいは雑誌「ムー」の読者層なんかと同じで、心霊現象がウソともホントともつかないトワイライトのあたりを楽しんでいたようなのである。

しかしそうした参会者のなかにも、かなり本気で霊媒の能力を信じていた人もそこそこいたのであった。驚くべきことに、当時有名だった立派な科学者も心霊現象を強く支持した。霊媒が詐欺めいたことをやったのがバレたときにも、ウィリアム・クルックスという科学者は、詐欺的行為はなるほどあちこちでおこなわれているだろうが、ペテンをやらない本物はたしかにおるのだと言い張った。一説によれば、普段はもっぱら物質を相手にしていて、自己の注意深さに自信のある一方で、奇術など大衆文化の成し遂げたものに疎い象牙の塔の科学者は、かえって騙しのテクニックにひっかかりやすかったと言われる。

ちなみに、薄闇のなかに出現する幽霊の姿だが、当時の考えでは、これは霊媒が自らの身体から神通力で絞り出したエクトプラズム（ectoplasm）という半物質のようなものによって形成された身体とされた。エクトス（外部で）＋プラスマ（造形されたもの）というギリシア語の造語で、一応自然科学用語として一九世紀末に生み出されたものだ。

コティングリー妖精写真事件において、希薄な存在である妖精が少女フランシスの霊媒能力によってカメラに写るほど濃いものになると理論づけたのも、エクトプラズム論の一種だ。いったいどういう物理学的あるいは化学的プロセスがエクトプラズム現象をもたらすのかさっぱりわからないが、当時においてはなにか（宗教的ではない科学的な格好の）言葉があるだけで科学的実在であるように思われる傾向があったことは確かだ（いや、それはいまでも同じかもしれない）。

1-4　霊媒フローレンス・クックが出した霊「ケイティ・キング」と科学者ウィリアム・クルックス（1908）

ちなみに、霊媒が口からエクトプラズムを吐き出している写真というのがいくつか残っている。今日のほとんどの人の眼には、口にガーゼを銜《くわ》えているとしか見えない珍妙なものである。

心霊現象のバリエーション

さて、霊媒のやってみせたこととしては、他にも、イタコ状態になって霊の言葉を語りだすというもの、無意識のなかで自動筆記するもの、さらには石板（学校で使うノート代わりの携帯用黒板のようなもの）に、いつの間にか文字を現出させるものなどがある（字を書いた石板にすり替えるとか、磁石を使うとか、トリック技法は当時から知られていた）。

霊と交信する簡便な小道具としては、プランシェット、ウィジャーボードといったものが発明された。これは日本のコックリさんの起源になっているので、これらを取り上げる第2章で説明することにしよう。こうした小道具を用いれば、とくに霊媒がいなくても、集団で心霊現象を起こすことができる。

霊媒不要の心霊現象には、他に、心霊写真がある。もっとも、ガードナーが妖精写真に関して解釈してみせたように、霊媒能力の高い人が関与することで希薄な存在が濃密化してカメラで捉えることができるようになるのだとも言われていた。

最後にもう一つ。心霊主義は、今日の言い方ではオカルトということになるが、当事者たちはオカルトだとは思っていなかっただろう。というのは、オカルトは「隠された」という意味のラテン語 occultus に由来する言葉で、一部の人にしか教えない秘密の教え、秘教ないし密教を意味する言葉であり、交霊会のような「公開実験」を通じてあらゆる人々に参加可能であるような心霊主義ないし交霊術は決して秘教ではなかったからだ。

ガードナーの属する神智学のほうは、古来の錬金術やカバラなどの秘教、東洋の仏教などの修行者の教えに基づくと称していたので、こちらはオカルトなのであった。

ともあれ、秘密の教えなるものはだいたい非科学的なものであり、そうした非科学的なもののことをいまではオカルトと総称するようになった。そういう意味では、心霊主義や神智学といった当時の亜宗教は、今日的な視点からは、みんなオカルトだということになる。

心霊主義台頭の背景――科学の勃興と宗教の弱体化

一九世紀の欧米における心霊主義やオカルトの台頭に関しては、背後に同時期における科学の急激な躍進と、宗教あるいは教会の権威の弱体化があるということが指摘されている。

くわしくは第3章で見ていくが、一九世紀には世の多くの人々が科学の威力を如実に感じるようになった。とはいえ、一般民衆が高度な科学の理論や計算や実験方式を理解したわけではない。しかし、科学は産業革命と連動し、鉄道、船舶、工場の機械、電信システム、そして蠟燭やガス灯に比べて驚くほど明るい電灯の普及という具体的な形で、その成果を見せつける。**理屈を理解せずにその「奇跡」的な力だけをありがたく拝ませてもらうというこの構図からすると、多くの人にとって科学が一種の魔法だったということになるかもしれない。**

他方、宗教すなわち教会の権威は衰えを見せるようになる。科学が具体的成果を見せてくれているというのに、宗教にはハッとするほどの「奇跡」は起こせないからだ。

また、科学の理論なんぞわからない人でも、電磁波、X線、進化論、遺伝、となんだかすごい発見があったり、すごい理論が現れたということをニュースとして聞いている。一方で教会の理論といえば、相も変わらず、我が主キリストが贖罪して死んで復活した、主はやがて再臨して最後の審判に臨むであろう、悔い改めよ、というようなことばかりで、そうしたドグマの真実性と実効性を証明するようなニュースは何もない。

おまけに、一九世紀を通じて人々の感性は教会の説く「罪」「悪魔」「地獄」といった観念に抵抗を覚えるようになってきた。そもそも教会はしばしば不合理に世の「罪びと」を断罪したり、異教徒を「地獄」で脅して改宗させたりしてきたものだが、いったん教会の実力に疑念が起こると、牧師や神父のそうした強権主義そのものが罪深くも感じられるようになる（そういう批判を受けたため、教会は次第に表立って「悪魔」や「地獄」を説かなくなり、むしろ慈善活動に力を入れるようになった）。

教会の斜陽は、自然科学と並んで考古学や歴史学が発達してきて、聖書の内容を文字通りに信じることが難しくなったことにもよる。ノアの洪水があった証拠はどこにもなく、イエスを生んだ単性生殖も、水上を歩いたり死者を蘇らせたりする奇跡も、死んで復活することも、科学の時代にはストレートに信じることが難しくなった。牧師や神学者はもともと知識人であり、博物学にくわしい人も大勢いたから、生物学的進化論の知見と創世記の記述（神は天地創造の五日目と六日目に全生物をおつくりになった！）との間に調整が必要であることは痛感されるようになった。つらい立場だ。

心の空白を埋めるもの

宗教の権威衰退は、神父や牧師に代わってあらゆる世俗の専門の技師、国家の役人や国家がつくった学校や警察などの機関の権威が表に出てきたことにもよる。とにかく、あれやこれやさまざまな事情が重なって、宗教ないし教会の権威は急速に失墜してきた。知識人に限らず、階級的支配と結びついた教会勢力をおもしろく思っていなかった労働者階級などでもそうであった。

しかし、こうした事態は、人々の心に空虚な欠落を生むことにもなった。教会が教え込んでいた神という重しを失った世界には、安定したアンカーがないように思われた。そして地獄のみならず天国すら保証の限りでないとなると、死後の霊魂の状態があやふやになってしまう。死んだら自己がゼロになることを意味する「唯物論」を空恐ろしいことのように感じる感性がまだ十分に生きている時代だった。

ここに心霊主義、すなわち死者の霊との交流が可能だという信仰が台頭する心理的条件があったわけだ。

心霊主義は宗教が後退して生まれた「ニッチ」を埋める自然発生的な思潮であるから、現象としても教えとしても曖昧で雑多なものを含んでいる。社会現象としては交霊会が中心で、他に、幽霊目撃談の類がある。霊界がどのようなものであるかについて統一見解はない。しかし、交霊会で出現した霊たちの様子からすると、永遠の地獄といったものはないようである。霊的存在のヒエラルキーの頂点に「神」がいると考え、心霊主義とキリスト教とを合流させようとする人々もいた。

心霊現象を科学者が本格的に研究することもあった。そうした科学的営みを、心霊主義（spiritualism）と区別して心霊研究（psychical research）などと呼ぶ。英国では一八八二年に心霊研究協会（The Society for Psychical Research）が発足したが、これは心霊現象の科学的研究を目指すものだ。心霊現象に懐疑的な人とかなり心霊現象に思い入れている人とが「同床異夢《どうしょういむ》」的に同居していたと言われる。

そうした心霊研究は、死者の霊の概念を離れて、超常現象一般に開かれる傾向ももっていた。たとえば、テレパシーという概念はこの時代の心霊研究者の間から出てきたものだ。心霊研究というジャンルは、人間精神の潜在的な奇跡的パワーを研究する学問だった。その視点であらためて歴史を眺めまわすと、交霊術が大流行する以前に、すでにメスメリズムと呼ばれる一種の信仰治療のようなものが「科学」として流行していた（皆で集まって気分を高めるあたりが交霊術と似ている）。メスメリズムはのちに催眠術へと発展的に解消した（第3章参照）。

心霊主義は（さらに心霊研究も）、異教的なオカルトの伝統に近接していた。すでに説明したように、心霊主義と神智学とは、霊の解釈において対立関係にあったが、霊界をめぐって希望的に語る言説だという点では、両者は必然的に似た者どうしであった。とくに、心霊研究協会の創立者の一人である古典学者フレデリック・マイヤーズ（一八四三〜一九〇一）は、死者の魂がやがて神のような超越的全体に統合される過程を夢想するようになり、科学よりも宗教に似た思想体系を構築していった。

唯物論に反対して

心霊主義は、宗教で確信が得られなくなった「魂の永生」を保証するものであった。その対極にあるのは、自然科学やマルクス思想が代表する唯物論である。物質のみを実在と考える唯物論によれば、精神現象は身体の作用のようなものであり、身体の死ののち「魂の永生」があるなどとは考えられない。心霊主義（spiritualism）と唯物論（materialism）はきっちり対概念をなしていたのである。

ドイルは言う。心霊主義という新たな啓示は「唯物論」――これはそれなりに真摯な探究であった――に致命的な打撃を与え、「因習的なキリスト教」を大幅に書き換えることになるが、しかしそれは宗教にとって「完全な衝突ではなく、むしろ解明と発展をもたらす」ものとなるだろう（[Doyle①]より筆者訳）。

大幅に書き換えられたキリスト教の教えはどのようなものになるのだろうか。ドイルの考えによれば、永遠の地獄はもはや説かれなくなる。しかし無上の至福としての天国的状態は退けられない。死者の永遠の魂の他に、高級霊としての天使が存在している。キリストもそうした階層構造のなかに位置づけられる。霊界の階層構造の頂点に全知全能の神がいることは間違いない。

宗教から鬱陶しい教説を抜きつつ魂の永生を確保する――心霊主義の言説は、実験だの証拠だの理論だのと、新時代の「科学」のスタイルを模していたが、心情的には、旧時代の宗教の延長上にあったと言える。**科学の実証性と宗教のありがたみとのいいとこ取りを狙ったのが心霊主義だったのだ。**

コラム① 心霊の使い手たち

古典的心霊主義の代表的顔ぶれを紹介しよう。一〇〇年後であればテレビタレントになっていたであろう者たちだ。交霊会は現代的娯楽の先駆けのひとつであった。

【フォックス姉妹】

一九世紀交霊術ブームのきっかけとなったのは、米国はニューヨーク州ハイズヴィルに住むケイトとマーガレットという二人の少女である。

一八四八年の春、ハイズヴィルのフォックス家で不思議な物音がするようになる。ケイトが指を鳴らしてみると、音はそれに答えるかのようだった。母親が娘たちの年齢を当てるようにと告げると、正しい数だけ音が鳴る。「幽霊なら二回鳴らして」と頼むと、果たして二回鳴る。[*4] のちにマーガレットが告白するには、ベッドの下にリンゴを吊るしてそれを壁に当てることで音を鳴らしていたのだった。

二人の少女の上にはもう一人年の離れた姉がいた。この姉が妹たちのトリックに気づき、「ひともうけしよう」と持ち掛けた。妹たちは脚の関節をポキリと鳴らして幽霊からの信号音とする技も磨き、マネージャーの姉に操られながら次第に大々的にショーをおこなうようになり、ニューヨーク市にも進出し、大評判となる。これに影響されて全国で交霊会がはじまり、それがやがて英国を含む欧州に飛び火した。

【ダニエル・ホーム】

交霊術はあっという間に複雑なものへと進化をとげた。物は飛ぶ、楽器は鳴る、霊の姿そのものが薄暗闇に出現するなど、どんどん奇術めいたものになっていく。複雑な交霊術の使い手として大評判をとった代表的な霊媒はダニエル・D・ホーム（一八三三〜八六）である。スコットランド人で、若いころは米国に暮らし、霊媒になってから英国や欧州で超有名人になった。彼は真っ暗闇ではなくて比較的明るい光のもとでいろいろと不思議現象を起こすことで知られていた。両手両足を異常に伸ばすなどということもやった。かなり奇術を思わせるパフォーマンスだ。

【フローレンス・クック】

ロンドンなどで活躍したフローレンス・クック（一八五六?〜一九〇四）の特徴は、「ケイティ・キング」という名の幽霊を現出させることである。「ケイティ」はクック自身に似て見えなくもない女性で——クックがエクトプラズムとして吐き出したと言うのだが——どうやら彼女のアイドル的な魅力が交霊会の人気を支えていたようだ。「ケイティ」は湿っぽい悲しい幽霊ではなく、にこにこと明るい陽性のキャラだった。

　クックが有名なのは、ウィリアム・クルックス（一八三二～一九一九）という化学・物理分野の立派な科学者（電子の発見は彼の研究をきっかけとすると言われる）が彼女にベタ惚れして、その交霊術の真正なることを保証したことにもよる。博士は「ケイティ」と腕組みをしてそれが通常の肉体であるかのようであることを確認しているが、それでもそれを霊的存在だと主張してはばからなかった。

　博士の実験は今日的な意味で厳密なものとは言えないものだったようだ。霊媒の秘《ひそ》かな行動をチェックするための検流計の仕掛けなどいろいろ凝っているのだが、奇術のチャンスの徹底的排除というところまではしていない。コナン・ドイルは自分の著書『重大なるメッセージ』（一九一九）のなかでクルックスの「ケイティ」研究を画期的事例として紹介し、博士の用意周到なる実験を疑うヤカラは頭がいかれている！　とまで言っているのだが［Doyle ②］、やっぱりどう考えても言い過ぎである。

【ウィリアム・マムラー】

いわゆる心霊写真はウィリアム・マムラー（一八三二～八四）によって発明された。彼は霊媒ではなく写真師として幽霊を写してしまうのだ。彼のカメラを使うと、どんどん心霊写真が撮れた。人々は争って被写体となり、自らの肖像写真のなかに、亡くなった妻なり夫なり親なり子なりがボーッと写っているのを見て感激するのだった。しかしじきに捏造写真のかどで訴訟を起こされたり逮捕されたりするようになって、彼の商売は行き詰まった（心霊写真そのものはその後もいろいろな人が撮り続ける）。

マムラーの心霊写真は現代の心霊写真とは少し趣が違っている。現代の心霊写真は、ふつうの人が何気なく撮った写真のなかに偶然霊やら不思議な光やらが写ったりしているものだ。しかしこの時代の心霊写真はちゃんと意図をもって、指定された故人の姿を写し込むものであった。

コナン・ドイルが心霊主義の虜《とりこ》になったのは、死んだ息子の姿が――死んだときよりも若く見えるとドイルは言っている――写り込んだ写真を見たのがきっかけだった。彼はその写真の裏に、いわゆる二重露光とは考えられないという旨のことを書き記している。二重露光ならば、死んだ息子の写真をどこかから調達してこなければならないのに、その可能性はないだろうと。

【ブラヴァツキー夫人】

心霊主義とはやや違った流れだが、神智学についても紹介しておく。一八七五年にニューヨークでブラヴァツキー夫人（H・P・ブラヴァツキー）という元貴族にして元霊媒の女性とH・S・オルコット大佐という人物が創設した「神智学協会」が、仏教などの東洋の智慧《ちえ》の神髄を伝えるという触れ込みでオカルト界に登場した。これは西洋古来の秘教の伝統に東洋の秘教を接ぎ木したものであった。

同時代のインド学の泰斗、マックス・ミュラー教授に言わせれば、ブラヴァツキー夫人の思想はあくまでも誤解や曲解に満ちた怪しげな仏教理解に基づくものである［オッペンハイム（5章）］。当時の欧米ではインド思想が何やら深遠そうだという噂がたっていたので、その奥義めいたものを開陳してみせたのが神智学協会だったようだ。

ブラヴァツキー流神智学の教えによれば、人間の霊魂は死後も輪廻空間における長い修行の旅を続けて、いやが応でも解脱あるいは進化していく。輪廻や解脱の修行など、基本的な発想は大乗仏教のビジョンに似ているので、オルコット大佐が日本で講演したときには、日本の仏教界は好意的な反応を示したと言われる。

＊4　モールスが電信機を使ってトンツーの信号を送るのに成功したのが一八四四年である。目に見えぬ世界との機械的な交信という発想に似たところがあり、交霊会の流行に影響を与えたかもしれないが、ラップ音での意思疎通そのものははるか以前からあった。たとえば一七五九年、ロンドンの牧師が幽霊との交信方法としてイエスならノック一回、ノーなら二回というやり方を工夫したという［インズ］。

第2章　コックリさんと井上円了の『妖怪学講義』

テーブルターニングからコックリさんへ

次の図は、明治中ごろの高等教育教科書として編まれた、井上円了著『妖怪学講義』（本章末のコラム②参照）にある挿画である。三人の人物が三本脚のテーブルめいたもの――三本の竹を紐で結わえたものに飯櫃《めしびつ》の蓋をかぶせた即席の装置――に手を当ててなにかをやろうとしている。これがこの時代におこなわれていた標準的なコックリさんなのだそうだ。

知らない人はほとんどいないと思うが、コックリさんとは、一種の占いというか、ご託宣を受け取る儀式あるいは呪術のようなものだ。「狐狗狸」とも書くので、キツネやタヌキが告げているというイメージがあるが、円了博士の推定では、この図にあるような不安定な即席テーブルがあっちへコックリ、こっちへコックリと容易に動くところから名付けられたものなのであるとか。

もっともこれは、現代ふつうにおこなわれているコックリさんの仕掛けとは違っている。

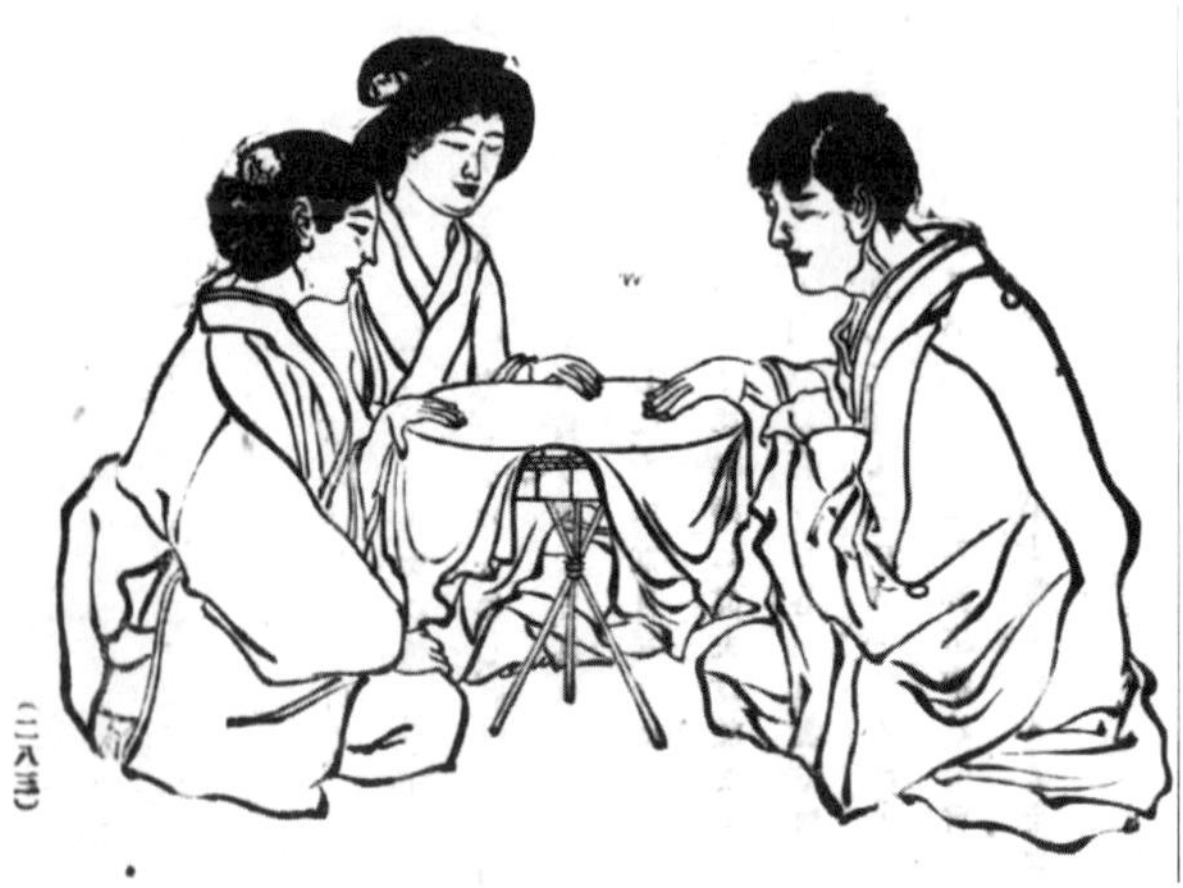

2-1　井上円了著『妖怪学講義』内のコックリさんの様子

2-2　現代の標準的なコックリさんの「装置」：五十音表とコイン

現代のコックリさんのやり方はこうだ。まず、紙にあいうえおの五十音と数字、「はい」と「いいえ」の二つの言葉を書く。この紙の上に十円玉を置いて、数人で腕を伸ばして十円玉を指で押さえ、「コックリさん、コックリさん」と呪文のように呼びかける。そして霊的存在であるコックリさんに向かって、なにか質問を投げかける。すると十円玉がひとりでに動き出し、「はい」とか「いいえ」とか、あるいは言葉のメッセージや数字の答えを綴り出していく。

明治時代の三本脚のテーブルのような形態のコックリさんは、第1章で触れた西洋のテーブルターニングに相当する。テーブルターニングとは交霊会の参会者が小さなテーブルに手を伸ばして触れ、質問者が質問をし、アルファベットを一字一字読み上げると、適切なところでテーブルがひとりでに動き出し、質問への答えを綴り出すというものだ。

円了の調べでは、明治一七年に伊豆の下田に船の破損のためにしばらく滞在していた米国人がテーブルターニングをやってみせたのだった。これを見ておもしろいと思った日本人が自分でもやってみたが、日本にはテーブルがないので、三本の竹と飯櫃の蓋を用いるやり方を思いついたのだろうと円了は推定している。

明治一八年から一九年にかけて、相模、駿河、三河の範囲に、明治一九年には関東、関西から瀬戸内、九州のほうまでブームが広がり、さらにその後、東北方面、北陸方面に広がっていったのだそうだ。

もっとも、この下田起源説には当時から異論があった。それによれば、下田よりも前に吉原で流行していたのだとか。こちらの場合も、起源はやはり米国で、留学から帰ったある理学士がテーブルターニングの進化形であるプランシェットもしくはウィジャーボードを使って吉原で心霊ごっこをやってみせたのが最初なのだという。[*5]

プランシェットというのはハート型の小さな板で、裏側に車輪があって、手を載せると不安定に動くというものだ。板の穴にペンを固定して、下の紙面に図形を描くということもやったらしい。ウィジャーボードはアルファベット、数字、YESとNOが印字された板で、使い方は今日の日本のコックリさんと同様である。

日本人が国内で最初に目撃したものがテーブルターニング、プランシェット、ウィジャーボードのどれにいちばん近いのかよくわからない。それぞれがさまざまなルートで日本に幾度も上陸し、すべてがコックリさんと呼ばれるようになったのかもしれない。いずれにせよ、明治期の主流は竹三本に飯櫃の蓋の簡易テーブルターニングだったらしい。

＊5　一柳廣孝によれば、一八八七年の『狐狗狸怪談　西洋奇術　一名西洋の巫女』（凌空野人編）にこの説がある。またそこではコックリの語源を「告理」（道理を告げるもの）としている［一柳］。

(上)2-3　テーブルターニング　(下)2-4　プランシェットとウィジャーボード

明治版コックリさんのやり方

さて、テーブルターニングのなぞりと思われる飯櫃の蓋様式のコックリさんがどのようにおこなわれていたのか、円了先生の『妖怪学講義』の記述を見てみよう。

たとえば名古屋の周辺では次のようにやると書かれている（読みやすいよう筆者が表記変更）。

生竹の長さ一尺四寸五分なるもの三本を造り、緒をもって中央にて三叉に結成し、その上に飯櫃の蓋を載せ、三人おのおの三方より相向かいて坐し、おのおの隻手あるいは両手をもって櫃の蓋を緩く抑え、そのうちの一人はしきりに反復「狐狗狸様、狐狗狸様、御移り下され、御移り下され、さあさあ、御移り、早く御移り下され」と祈念し、およそ十分間も祈念したるとき、御移りになりましたらば、「何とぞ甲ナニガシが方へ御傾き下され」と云えば、蓋を載せたるまま甲ナニガシが方へ傾くとともに反対の竹足を挙ぐるなり。そのときは三人ともに手を緩く浮かべ蓋を離るること五分ほどとす。（心理学部門二八五ページ）［円了］

竹の長さが細かく記されているが、べつに規則があったということではなく、たまたまこの家ではそういう寸法だったということだろう。茨城県の例では九寸三分あるいは七寸三分、千葉県の例では一尺二寸と書いてある。

飯櫃の蓋に憑依した「狐狗狸」あるいはコックリさんに尋ねるものは、たとえばその憑依した霊の年齢、どこかの誰かの年齢だ。数そのものも、まず十の位を答えさせ、次に一の位を問うというやり方もあるし、「十代か二十代か？」のように細かく二者択一で尋ねていくやり方もある。即席テーブルの一本の脚が挙がるのをもってイエスの返答と解釈するとか、飯櫃の蓋が右に回るか左に回るかでイエス／ノーを判断していくとか、コックリさんからのご託宣の解釈法もいろいろあったらしい。

さらに、お出ましになったコックリさんに「カッポレ踊りが好きか嫌いか」などと尋ねることもあったようで、好きだとなると、不思議不思議、飯櫃の蓋の三本の脚がカッポレ調で踊りだす！　しかも蓋に手をかけているいずれの者もカッポレをよく知らなくてもそうなるんだとか。このあたり、いかにもお座敷芸である。

コックリさんは予言もおこなう。ある例では、某家には出火などの災いが起こるかとお伺いを立てた。起こるなら竹の脚を一本挙げてくださいとも言い添えた。しかし脚は挙がらなかった。では、福が訪れるのかと尋ねても、挙がらなかった。福は訪れないのかと聞いてみても、やはり挙がらなかった。ということは、いまのところ不明ということですねと念を押すと、足が挙がった！　かくして某家の禍福の不明なることがわかったという、なんとも気長なやり方だ。

円了自身が実験してみたところ、天気はどうか、年齢はどうかなどはだいたい当たる。しかし「この本は全体で何ページですか？」となると厳密には当たらない。過去のことは当たるが、未来のことはあまり当たらない。身内の子どもと婦人に任せるとうまくいったが、門下の学生など学識がある者たちだけではうまくいかない。

円了はコックリさんが動き、質問に答え、当たったり当たらなかったりする原因を、「不覚筋動」と「予期意向」にあると見た。つまり、人間の無意識の筋肉の動きと、ウグイスの鳴き声を「法華経」と聞いてしまうような、一種の先入観による判断がコックリさんのカラクリだというのである。

要するに、飯櫃の蓋の上に手を中途半端に置いているので、どうしても不意に筋肉が動く。すると蓋は動き出す。一方、答えのほうはなんとなく予期しているので、ちょうど蓋が予期にかなった動きを見せたところで、ほらほら答えが出たとみなで決めてしまうというのだ。

円了がこのように合理的に解釈するのは、欧米の心霊研究者が論じているところを要約して述べたものだろう。当時欧米ではすでに無意識の暗示の理論が発展途上にあった。

なお、欧米の場合は、交霊会を主催する霊媒が予めテーブルに細工を施す場合もあったらしいのだが、飯櫃の蓋にカッポレを踊らせるこのお気楽な日本版テーブルターニングは、細工も何も、みんなのノリで盛り上がる素朴なものだったと思われる。

『妖怪学講義』の説明を読んでいておもしろいのは、円了博士がコックリ現象の原因は狐や狸に帰されるものではないと述べるのみならず、「電気」のせいでもないと書いていることだ。

この時代、なにかわからないことがあるとすぐに「電気」のせいにした。「電気」はほとんど「神通力」のようなものであった。ヨーロッパでは「動物磁気」説なるものが大手を振っていたので、それと同じようなものだろう（第3章参照）。

死者の霊か狐・狸か？

さて、「不覚筋動」と「予期意向」という点では、西洋心霊主義のテーブルターニングも日本のコックリさんもまったく同類ということになるだろうが、そうした仕掛けを通じてお告げを寄こす存在の正体については、西洋と日本とでは解釈が違っていた。

西洋の場合は基本的に死者の霊がメッセージを送っていると考えられていた。しかし日本では、「狐狗狸」と書く習慣からもわかるように、人々の多くは「これ狐か狸の所為《しょい》なりと信じ」ていた。

ただし「鬼神の所為」という説もあった。[*6]『妖怪学講義』の「宗教学部門」を読むと、一応これは漢文の伝統でいうところの鬼と神、つまり、上位の（あるいは陽なる）霊的存在（神）と下位の（あるいは陰なる）霊的存在（鬼）ということになる。鬼は人間の死者から悪鬼の類まで、あらゆる下級の霊的存在を含む。ここではたぶん死者の霊を指している。円了は西洋のスピリチュアリズムを「鬼神術」「降神術」と訳しているからだ。

ただし、円了の記事を読む限り、西洋のスピリチュアリズムにおける交信の相手が死者の霊だという点は、強調されていない。日本に伝わってきたのは交霊術一般ではなく、テーブルターニング（「机転術」）あるいはテーブルトーキング（「机話術」）という特殊なワザであり、そのお座敷芸的なところがコックリさんとして定着したものだから、西洋心霊主義の裏にある宗教的動機のことはスルーされてしまったようだ。

日本のコックリさんが死者の霊への尊崇を深めるようなものではなく、その正体も狐や狸ということでみな満足していたことの裏には、西洋と異なる日本固有の宗教事情がある。第一に、日本には狐や狸が憑いたり化かしたりする伝統があった。第二に、死者の霊を降ろすという技術については、もともとイタコの口寄せ（死者の霊に成り代わって語ること）のような習俗が定着していた。

西洋では伝統的にキリスト教会が来世の知識を独占していたのだが、教会の斜陽化とともに心霊主義が来世の知識を提供するようになったのだった。日本の場合、もとより来世観は一元化されておらず、輪廻転生、極楽往生、黄泉、幽冥界と種々の説が並び立っていた。一般民衆は、人は死んだらホトケになって草葉の陰で子孫を見守るものだと思っていたようで、これは仏教・儒教・神道がごっちゃになったものだ。文明開化は民衆の信仰生活に影響を与えはしたが、西洋のように唯物論の打撃をかわすために心霊主義が希求されたわけではない。

明治以降も日本には西洋式に死者と交流する交霊会という形式が定着した様子はない。そもそも交霊会は西洋式パーティに似ており、畳に坐っておのおの前にお膳が置かれる日本式の社交風景とは異質である。赤の他人の男女が手をつなぐというのも、ハグ式文化にこそふさわしく、お辞儀一点張りで他者に触れるということをしない日本文化では敬遠されそうだ。やはり死者のことならイタコ式の霊能者の所へ行きそうだし、ご近所さんと一緒にやるならコックリさんがちょうどいいようである。

日本的アニミズムの世界

さて、コックリさんのお告げの主体は、少なくとも庶民的イメージとしては狐や狸なのである。これは容易に連想できるように、狐憑きとか狸に化かされたとかいう民間信仰の世界に通じるものだ。

＊6　円了も言及しているが、明治には「告理」という書き方もあった。この場合には、理《ことわり》を告げるというのだから、なにか非人格的な天のお告げということになりそうだ。

日本ではそういう動物霊が憑いたり人を化かしたりする。西洋の場合、教会的にはそういうのは山羊の角と眼をもつ悪魔の仕業ということになるし、さもなくば東欧などにあるような狼男伝説ということになる。いずれも非常に危険なもの、忌避されるものだ（昔なら悪霊憑きは火炙りにされかねなかった！）。

それほど危険ではなく激しい忌避の対象ともなっていない、ちょっとした悪戯者の霊としては、コティングリーで写真に撮られたりした妖精たちがいるが、逆にこれは狐や狸や、『ゲゲゲの鬼太郎』に出てくる妖怪よりもかわいらしすぎるようだ。[*7]

ちなみに、『妖怪学講義』の「心理学部門」は狐憑きの類に一七セクションも割いている。憑くのも惑わすのも狐が多いが、他に犬神、蛇持、天狗憑、神憑、魔憑の項が立っている。そのなかからおもしろい記事を二つ紹介しよう［円了］。

その一。信濃国伊奈に「管狐《くだぎつね》」というものがある。ハツカネズミほどの大きさで、管を二つに割ったような形の尾をもつ。これを飼いならせば、懐や袖などに棲んで、うるさいほどに話す。飼う者は人の過去を説き、未来を告げるようになる。これを世に「狐使い」という。狐を体に飼っても、他人の目には見えない。だが、狐の臭気はする。（心理学部門一九三〜一九四ページにある「大日本教育新聞」の記事の引用を筆者が要約）

この教育新聞の執筆者は、狐は疑い深い動物であり、危害を加えられることを恐れるので、「想像力」（危害を予測する推理力）を発達させてこんな予言をするようになったのだろうと考えている（なお、「管狐」は実在する動物種ではない。語源については「竹筒に入るほど小さい」という説などもある）。

狐とどうやって会話するのだろうと思えば、どうやら飼い主がだんだんと狐の言わんとするところを理解するようになるということのようだ。危害に敏感だから未来の予知ができるようになるというところが、合理的とも漫画的とも言えるような解釈だ。

その二。美濃国の山田大助氏によれば、当地には「狐憑き病」という奇病がある。なにかの病気で身体衰弱するとき、狐が乗じて憑くのだという。

患者は「我は……の稲荷なり」など、奇怪なことを言う。「我は某家で油揚げをもらった」

＊7　ちなみに「妖精」という翻訳語は大正年間にアイルランドの土俗文学を愛好する作家たちが使いはじめたのが定着したものである。同じ大正期では、西條八十は「妖女」、芥川龍之介は「精霊《フェアリィ》」、菊池寛は「仙女」を使った［井村］。

「繭を喰った」などとも言う。看護のため外出はできないはずなのだが、その某家に問い合わせれば、実際にそういうことが起きている。

潮見村のある人物の母親が患者であったときに、私（円了）は直接話してみたが、すこぶる機敏で、よく神秘を知っている様子であった。全快してから病中のことを尋ねても、当人はまったく覚えていなかった。（心理学部門二一七〜二一八ページ、筆者の要約）

ざっとこのような伝統があって、これにテーブルターニングの技法が結びついたのがコックリさんなのであると。こういう動物霊アニミズムの世界における土俗的展開は、西洋心霊主義の文脈からはなかなか予想のつかないものかもしれない。

昭和期のコックリさん

コックリさんは昭和の高度経済成長期にひょっこり甦った。一九七〇年代の半ば、全国の小中学校で紙を用いる形のコックリさんが大流行した。この時代はオカルト的な話題も豊富で、七三年には五島勉《ごとうべん》の『ノストラダムスの大予言』がブレイクし、七四年にはスプーン曲げで有名な「超能力人間」ユリ・ゲラーが来日し、同じくスプーン曲げで関口淳君という小学生がテレビ特番の常連となり、少し遅れて七九年には都市伝説「口裂け女」が大流行した。変な時代だ。

現代風コックリさんはもはや狐や狸のイメージではないのかもしれない。「エンゼルさん」「キューピーさん」なんて名前でも登場する。エンゼルと言えば森永のエンゼルマークが思い出されるし、キューピーはキユーピーマヨネーズの裸の赤ん坊が頭をよぎる。ずいぶんかわいらしい。

では、昭和の大ブーム以前はどうだったのかというと、どうやら同じようなものがずっとおこなわれてはいたようだ。たとえば北杜夫の『どくとるマンボウ青春記』には、戦後まもなくの旧制松本高校の西寮で流行したというくだりがある［北］。

> 『魔の山』においても心霊術の実験にみんなが心を奪われたりする。それに応ずるに、西寮では「コックリさん」が流行した。紙にイロハを書き、一本の箸を何人かで持って、「コックリさま、コックリさま、お出でになりましたでしょうか。学期末の試験では誰と誰が落第《ドッペ》るでしょうか、お教え願います」などと真剣にやっている光景は、どうしても尋常なものとはいえなかった。（一一一〜一一二ページ）

『魔の山』とは若き日の北杜夫が心酔したというトーマス・マンの小説で、スイスの結核療養所という下界から隔絶された空間でみながだんだん精神的マヒ状態に陥っていくという比類なきドラマだが、そこに心霊術（交霊術）が出てくる。で、それに対応するかのように、やはり世間から隔絶されたプチ「魔の山」である旧制高校の寮でコックリさんが流行したというわけだ。ここでは箸を使っている。

奇妙なのは、やがて下級生が「まず○○さんがドッペります。総務委員長がそれでは、あとは軒並総討死ですな」とうつろな顔で報告したというのだが、これとイロハを書いた紙と箸のお告げがどうつながっているのか、よくわからない。どこかでやったコックリさんのご託宣の結果を北杜夫に報告したということかもしれない。

ちなみに筆者は、七〇年代初めの中学生のころにこの『どくとるマンボウ青春記』を読み、コックリさんのことを初めて知った。コックリさんの大ブーム以前のことだ。筆者の小中学生時代には、オカルト的なものが学校で流行するということはなかったように思う。たぶん科学の威信が高かったのだ。子ども向けの図鑑の科学的未来図では、原子力機関車が疾走し、原子力飛行機が上空を飛び交っていたが、いまから思うと、これは別の意味で「オカルト」であった。

コラム② 井上円了と『妖怪学講義』

井上円了は今日の東洋大学の創立者で、仏教学と哲学の先生として有名であった。彼が「妖怪学」を講じるようになったのは、学生たちに妖怪やオバケを信じてもらいたかったからではなく、逆に、そういうものの噂に騙されないようにしようという啓蒙的な意図からであった。

注意すべきは、「妖怪」の意味が今日とはちょっとズレていることだ。「妖しく怪しい現象」ならなんでも妖怪だったように思われる。「怪奇現象」「超常現象」に近い概念だ。

明治二六年の大著『妖怪学講義』は、ありとあらゆる迷信を取り上げている。六巻本の全体は巻頭の「総論」を除いて「理学部門」「医学部門」「純正哲学部門」「心理学部門」「宗教学部門」「教育学部門」「雑部門」という七つのパートに分かれている。各部門で扱われる妖怪現象をピックアップすると……。

彗星、竜巻、雷電、虹、蜃気楼、地震、狸の腹鼓、猫怪、天狗、山姥、仙人、燐火、不知火、天降異物、カマイタチなど（以上、理学部門）。畸形、死体に就きての妄説、疫病、智力狂、感情狂、意志狂、髪切病、仙術、錬金術、妙薬、信仰療法など（医学部門）。八卦、五行、

（左）2-5　井上円了　（右）2-6　『妖怪学講義』

十干十二支、二十八宿、天気予知法、運気、占星術、卜占、夢占、鑑術、方位、面相、家相、暦日、厄年厄日など（純正哲学部門）。幻妄、西洋の夢説、夢想と事実との関係、憑付、支那の狐談、狐憑、犬神、神憑、動物電気、コックリ、棒寄、催眠術、読心術など（心理学部門）。生霊、死霊、幽霊、仏陀、各国古代宗教の鬼神論、悪魔、七福神、冥界有無論、六道再生、地獄実有論、祭祀、淫祠、加持、霊験、冥罰応報、神通など（宗教学部門）。教育上の迷誤、遺伝論、殺害、盗賊、放火、胎教、育児、記憶作用、記憶術、失念術など（教育学部門）。妖怪宅地、百物語、枕返、雪隠の怪物、船幽霊、轆轤首、火渡、不動金縛、糸引など（雑部門）。

　いずれも迷信としての項目であるのだから、

要するに「心理学部門」じゃないかという気もするが、円了としては、これら各部門に配置された妖怪の謎解きを通じて、本来の各部門の学問に目覚めてくれという意図だったのだろう。

書きっぷりは次のとおりだ。「理学部門」「地震」……俗に「地震・雷・火事・親父」と称して恐るべきものの代表が地震であるが、原因には古来種々の俗説がある。たとえば常陸の鹿島明神は要石で鯰を刺して地震の害を封じた。『三災録』という本によれば大地の下に大なる鯰がいる。……仏教関係では、地震を竜の仕業としているものもある。……さらに、中国では陰陽説で説かれてきたが、これも古代人の妄想である。……では、西洋の説ではどうかというと、紀元前五〇〇年ごろのアナキサゴラス（アナクサゴラス）は、地底の雲気による雷が岩室を破裂せしむると考え、一六〇〇年代のドイツ人キルヘル（キルヒャー）は、地底のたくさんの空所に硝石や硫黄など発火性の蒸気が満ちていて、これが地震を起こすと考え、一七〇〇年代の英国のスタックレーとプリストリーは地震の原因を電気に帰した。……今日の説では、地震の原因は一つではないとされている。複雑な過程をひと言で言うならば、地球や太陽の熱力や重力の作用が大元になっていて、たとえば地塊の冷却による収縮が起きたり、にわかに発生した蒸気が大地を膨らませたりして地震が生ずる。……ともあれ、地震は鯰のせいではないし、北欧神話が説くごとく、縛られた悪魔神ロキが蛇毒に身もだえしたためでもない。云々……。

さて、かくして世の迷信を打破するために尽力した円了博士は、じつは浄土真宗の僧侶なのであった。彼の思想体系においては、仏教のような大宗教それ自体は迷信でも妖怪でもない。西洋的合理性と仏教の真理が両立すると考えるのは、明治以来の日本の仏教学者の伝統だ。円了の思想体系においては、まず妖怪学で迷信を追い払って科学と哲学に目覚めるべく学生たちを導き、より高度な次元においては、西洋の唯物論や観念論をはるかに突き抜けて、万物に真の実在（真如）が表裏一体的に顕れているとする仏教哲学の世界観へと誘おうというものであったようだ。

ともあれ、円了においては科学的啓蒙と仏教的真理は対立するものではなかったという点を押さえておきたい。キリスト教的西洋の思想世界と比べて、こうした融和性はどこか楽天的である。それは現代の仏教界でも変わっていない。

第3章　動物磁気、骨相学、催眠術——一九世紀の（疑似）科学

動物磁気とはなにか？

本章では心霊主義の同時代に欧米で流行していた動物磁気などの旧式の科学——失敗した科学——をいくつか見ていく。今日でいう疑似科学のはしりのようなものだが、まだ科学のあり方が試行錯誤されていた時代なので、疑似科学と呼ぶのは気の毒だろう。

「動物磁気 animal magnetism」という言葉には、ちょうど円了先生の「妖怪学」や次の章で見る「千里眼」のように、古風とも古雅とも呼べるような響きがある。その感じをうまく表したくだりが、J・K・ローリングの大ヒット作「ハリー・ポッター」シリーズのなかにあったので、寄り道になるが、ちょっと紹介したい。

ハリー・ポッターは現代英国の少年だが、彼の属する魔法界には時代錯誤的な感じがあり、風俗的にはヴィクトリア朝（一八三七～一九〇一）の雰囲気、あるいは『オリヴァー・ツイスト』や『クリスマス・キャロル』で知られる作家チャールズ・ディケンズ（一八一二～七〇）の

世界の名残のようなものがある。彼はホグワーツという寄宿制の魔法学校で暮らしているが、ユル・ボール（クリスマス・ダンスパーティの古雅な言い方）が開かれるにあたって、親友ロンとともに双子の女子をダンスの相手として獲得した。男子の一人がロンに「君らがなぜ学年一の美女たちを獲得できたのかわからんなあ」と言ったとき、ロンは〝animal magnetism〟とのっそり答えた［Rowling］*8。

ここには微妙なおかしみがある。

「動物磁気」とは、日本で言えば明治以前からあった生理学概念である。「病は気から」と言うように、人間は暗示の心理作用で病気が治ったりするものだが、いかにも不思議なそうした力を「磁気」のせいにするようになったのが一八世紀後半だ。動物の生体を流れるというので「動物磁気」と呼ばれる。

一八世紀から一九世紀にかけて流行した動物磁気の公開治療は、交霊会の場合と同様、一種の社交パーティの様相を呈しており、施術者が磁力的パワーを発揮して広間に集まった患者たちの心身症的な病を癒してまわった。

一九世紀の途中からこうした癒しの現象は心理的なものと解釈されるようになり、「催眠術 hypnotism」と呼び名を変えた。用済みとなった animal magnetism という言葉は、「異性を惹きつける生理的魅力」というパロディ的な意味で使われるようになった。

というわけで、前述のロンのセリフだが、ひとまずこれは「僕らは女の子を引き寄せる磁力を発しているのさ」という意味に受け取れる。しかしそれだけではないだろう。

じつはロンは非常に古風な——そして貧乏な——家の一員であり、そのとき大伯母さん譲りの時代遅れのドレスローブを着るはめになってクサりきっているのだった。この点を加味して判断すると、彼は自分の恰好がまるでヴィクトリア朝の——日本で言えば明治の鹿鳴館時代の——怪しげな療法士みたいだと自虐ネタを語ったと受け取れる。時代遅れの衣装をつけて社交パーティでご婦人の相手をするなんてまさしく「動物磁気」だといったニュアンスがちょいと混ざっているという次第だ。

動物磁気、メスメリズムと催眠術

動物磁気はanimal magnetismをそのまま訳したものだが、英語では「発見者」であるドイツ人医師フランツ・アントン・メスメル（メスマー）（一七三四～一八一五）の名をとって「メスメリズム（mesmerism）」とも呼ぶ。

メスメルがこれを提唱したのは心霊主義よりも一〇〇年近く古い一八世紀後半のことだ。彼

＊8　松岡佑子訳『ハリー・ポッターと炎のゴブレット』では「動物的魅力ってやつだよ」。

3-1　パーティドレスのハリーと磁気を発する(?)古風な衣装のロン

は人間、動物、植物と、あらゆる生命体には磁気に似た不可視のパワーをもつ流体――動物磁気――が流れているとの仮説を立て、この流体の均衡が破れるとき病気になるとし、磁気の流れに効果をもつという医療技術を工夫した。たとえば経口で鉄分を摂らせ、磁石を身体にあてがうなどである。

こんなふうにしてメスメルは被験者のヒステリーなどを「治療」したのだが、これは信仰治療にたいへんよく似ている。病気治しのオマジナイというのは、心理的思い込みやプラシーボ効果によって「心理状態→身体生理」の回路を通じて案外と効果を発揮したりするものだが、それと同様のことが起きていたのだろう。

そして実際、メスメルは、必ずしも磁石は必要ではないと考えるようになった。といっても、

（左）3-2　キリスト教の按手　（中央）3-3　動物磁気のイメージ図
（右）3-4　新宗教の手かざしのイメージ図

心理的なものだと考えたわけではなく、治療者自身の体内にある動物磁気を患者に送り込むことで、患者の体内の磁気を攪乱《かくらん》し、それをきっかけに病的不均衡を是正するのだと考えるようになったのだ。

かくして、療法士として訓練を受けた特別な者が、自らの動物磁気をハンドタッチを通じてクライアントに送るという、教会の神父や牧師が伝統的におこなってきた按手《あんしゅ》（人や物体に手を置き、聖霊の働きを送り込む儀礼）や日本の新宗教でおこなう手かざしに似た治療法が生まれた（もっとも、日本式の手かざしは、逆に西洋発のメスメリズムの影響を受けたものだろう。オウム真理教の教祖麻原彰晃が信者に施していたシャクティーパットなるものも、同類と言えそうだ）。

一八世紀も末になると、メスメルの治療はフランスで評判を呼ぶようになり、大量の患者を一度にさばくために、大掛かりな仕掛けが発明された。大きな桶のようなもの（磁気のプール？）を部屋の中央に据え、そこからたくさん飛び出た金属棒に人々がつかまるというものだ。どうやらメスメルの動物磁気が中央の磁気プールを介して大勢の人に伝わるらしく、人から人へとさらに綱を渡して、ちょ

3-5　メスメルによる集団治療：中央に磁気を貯めた桶状のものがある

うど田んぼのすみずみまで行き渡る灌漑用水のように間接的に大量の患者の群れにパワーを送ったりもしたようである。おそらく会場では集団ヒステリーのようなものが発生し、感極まった人々はそれぞれに痙攣《けいれん》などして気分を一新し、自ら身体の不調を治していったのだろう。

磁気から心理へ

メスメルにとって気の毒なことに、一七八四年にこの現象を調査したフランス王立委員会は、磁気を帯びた流体の存在という仮説を否定し、申し立てられている治療効果を患者自身の「予期としての想像力」の産物と認定した。この言い方はコックリさんの説明として井上円了が述べた「予期意向」と同じものだ。平たく言えば「気のせい」である（ちなみに「気」という漢語はそもそも動物磁気説的である。自然のなかや身体にみなぎる生気を意味し、雲気、天気、大気、空気、気持ち、元気、病気、そして磁気や電気と意味を拡げてきた。もちろん西洋の動物磁気説よりも中国道教の気の信仰のほうが歴史が長い)。

さて、メスメル理論は退けられたものの、集団心理による治療効果は依然としてあったので、「動物磁気」の実演会は一九世紀になってもずっと続いた。科学界も関心を向け続けた。

英国では、一八三〇年代にジョン・エリオットソンという医師が動物磁気現象を大々的に支持した。さらに一八四一年にジェームズ・ブレイドという外科医がこの現象を完全に観念の働きと捉えなおして、「神経催眠 neurohypnotism」という言葉をつくった。患者自身の注意の集中により、身体部位の機能が変化するというのだ。この言葉はそのまま「催眠術・催眠法 hypnotism」となって今日まで使われている。

メスメリズムの見世物的な側面はそのまま奇術のショーとして生き残った。ショーの観客の一人か二人に奇術師が催眠術を施し、暗示をかけ、妙な行動をとらせたりするのである。当時の催眠術入門教書の類には、催眠術をものにすると自己暗示で病気も治せるかのように書いてある。かなり妄想が膨らんでいる。

なお、実際の催眠では、ステージショーのような人格乗っ取りのようなことは起こらない。被験者はやりたくもないものを無理におこなうこともなく、自分から催眠状態をストップすることもできる。憑依状態あるいはトランスのような特殊な意識になっているわけではなく、いわゆる「無意識」の世界の扉を開くわけでもない。要するに被験者が施術者にノリを合わせて自己暗示を試みる以上のものではないとのことだ。[*9]

という次第で、科学が攻略すべき本丸は、人間心理、あるいは脳神経の働きのほうに向かってきた。そしてこの「心理」というのが、科学の開拓史において最後まで取り残された秘境の一つだったのだ。

心という最後の開拓地

コペルニクスやニュートン以来、天文や物理という文字通り即物的な分野においては、ずいぶん早くから数理的記述を旨とする研究法が発展した。重力、電磁気力、分子や原子や電子、熱などは人間の精神や社会の仕組みと無関係の自然的現象であり、ここを定量的に記述することで、人類は科学的推理と実験のトレーニングを積むことができた。

産業革命以来、自然科学は、蒸気で動く機関車や汽船や工場機械の精緻な工学を生み出し、電気の照明や無線電信などとともに世に威力を見せつけつつあった。探検家を兼ねた自然科学者は全世界の地形や動植物を調べてまわり、地質学や生物分類学や生物進化論や遺伝学などを発展させた。医学や薬学も発展し、医師は昔のマジナイ医から脱皮し、麻酔を使った外科手術などもできるようになった。

こうした分野はいずれも自然科学（natural science）という領域をなしているが、基本的な特徴はやはり、人間の思考や感情や社会制度や人間どうしのコミュニケーションといったややこしい因子を考えずに成果を上げられる分野だということだ。

これに対して、いわゆる文系の分野――人文科学（humanities）や社会科学（social science）――は、基本的に人間の心理現象である「言語」のつくり出す世界であるため、研究者自身が虚実織り交ぜたゲームの参加者みたいになってしまうという、たいへんややこしい世界だ。人と人とのやり取りは電子と電子のやり取りよりもはるかに複雑で、数式で決定できる部分は少なく、歴史的に偶然起きた一回性の出来事を記録していくだけでも研究者の寿命は尽きてしまう。とにかく、自然科学ほど明確な成果が得られないのだ。学者のせいではない。事柄の性質のせいである。

＊9　ロバート・T・キャロルによると、心理学者のロバート・ベーカーやニコラス・スパノスは催眠を「学習された社会的行動」と結論づけており、催眠療法家の「証拠」の信憑性は一九世紀科学における宇宙空間を満たす仮想物質エーテルの「証拠」の信憑性と同程度であり、施術による暗示の効果も自己啓発セミナーの暗示の効果と同様のものであるという［キャロル］。

理系とはなにか、文系とはなにかという問題は後述するが（第8章参照）、まあ、人文系のなかでもとりわけ「心」をめぐる学問の基本的方向性を定めるのがなかなか進まなかったことは、容易に察せられるところだろうと思う。

考えてもみてほしい。電磁気とか放射線とかが論じられていた時代に、交霊術や催眠術や人の心理的傾向を頭蓋の形から占う骨相学なるものが時の話題となっていたり、相対性理論とか量子論が現れた「現代科学」の時代になっても、フロイトのエディプス・コンプレックス論とか、ユングの錬金術的深層心理学とか、占いっぽい言説が人気を保ち続けてきた――いまでも保っている――というのが、「心」ないし「無意識」をめぐる言説空間の霊妙にして妖怪なるところなのだ。

従来、心なるものは、人間が主体的に振る舞い、その責任が神によってチェックされるようなもの、その性質上、「物質」と違って科学研究の対象とならず、哲学や倫理学の思弁や神学の規範に服すべき「道徳」的なものだというイメージが濃厚であった。

そういう意味では、ヒステリーとか神経症とかの日常性を超えた心理への注目は、人間の心を倫理学や神学を離れた視点で研究するのを促したし、動物磁気や催眠術や骨相学の類も、曲がりなりにも人間心理を「科学」的研究対象にしようという気運の醸成に役立ったのであった。死者の霊と対話する交霊術や心霊写真でさえ、人間観の科学的進展の役に立ったかもしれない。

ちなみに、psychology（心理学）という言葉は、ギリシア語のpsyche（プシューケー）が心から霊魂までを表すことから、ほとんど心霊研究との区別がつきがたく、今日的な意味での人間心理の研究だということが世間に認知されるのにだいぶ時間がかかったと言われている。人間の心が、科学的探究の最後のフロンティアであったことを教えてくれるエピソードである。

二〇世紀に続く疑似科学の系譜

もう一度整理しよう。心霊主義は交霊会の参加者が実体験できるという意味で、科学実験に似たものと感じられていた。さらに、心霊の客観研究をめざす心霊研究者（psychical researcher）たちの間にも、心霊の存在を「実証した」と早まって断言する者たちがいたのであった。「早まった」学者のなかには、霊媒フローレンス・クックに思い入れたウィリアム・クルックスや、ダウジング（棒状の器具を用いて地下の水や金属などのありかを探るマジック）などの研究もおこなったウィリアム・フレッチャー・バレット、高名な物理学者でもあるがキリスト教的な信念から心霊の存在を科学のなかに組み入れようと頑張ったオリヴァー・ロッジなどが含まれる。

そして、心霊主義とは区別されるものだが、社会現象としてはよく似たところのある動物磁気ないしメスメリズム、その発展形としての催眠術という領域があった。さらに、頭蓋の形状から個人の性格を読み取るという骨相学や、毒をもって毒を制するという理論のホメオパシー

（同種療法）などの、今日では疑似科学と見なされる諸科学があった。

というわけで、宗教が退潮に向かう一九世紀において、科学の周縁にありつつ民衆的願望に沿う形で再組織された亜宗教・疑似科学的営為という形で、さまざまなものが芋づる式に存在していたのである。そこには主流派の「宗教」に対しても「科学」に対しても批判的な目を向けるという側面もあった。

この構図には時代を超えた普遍性があるので、二〇世紀後半に、ニューサイエンスやポストモダン言説、さらに各種の疑似科学の百花繚乱という形で反復されることになる。それについては第2部の第7章や第8章で見ていくことになる。

1665	ニュートン: 万有引力
1765	ワット: 蒸気機関
1796	ジェンナー: 種痘
1804	トレビシック: 蒸気機関車
1824	カルノー: 熱力学
1831	ファラデー:電磁誘導電流
1838	ダゲール: 写真術
1844	モールス: 電信機
1854	リーマン: 非ユークリッド幾何学
1856	ネアンデルタール人の 頭蓋骨発見
1859	ダーウィン: 『種の起源』、進化論
1865	メンデル: 遺伝法則
1876	ベル: 磁石式電話機
1877	エジソン: 蓄音機
1882	コッホ: 結核菌
1886	ダイムラー: 自動車
1888	ヘルツ: 電磁波
1895	レントゲン: X線
1898	キュリー夫妻: ラジウム
1900	プランク: 量子論
1903	ライト兄弟: 飛行機
1905	アインシュタイン: 特殊相対性理論
1916	アインシュタイン: 一般相対性理論
1925	テレビジョン

3-6　科学と疑似科学

コラム③　動物磁気、骨相学、同種療法、水療法

一八世紀からある動物磁気説あるいはメスメリズムは信仰治療に近いものだが、一九世紀半ば以降の交霊会に似た社交の場でもあった。いずれの参会者も、磁気の桶もしくはテーブルの周りに着座し、手をつなぐなどして暫時過ごす。動物磁気を受けた人のなかには霊媒のように振る舞って、予言や「透視」をすることもあったという。要は暗示の作用だから、どちらも似たり寄ったりだったのである。

そもそも交霊会＝心霊主義にはいろいろな流儀があり、なにかオーラのような「流体」の存在を唱える人も、テレパシーの働きを説く人もいたのであった。さらに心霊主義の出し物の一つであるテーブルターニングは「磁気」をもって説明される場合もあり（井上円了によるとコックリさんの現象には「電気」によるものとする説明があった）、動物磁気が催眠術へと変わっていった流れを思えば、動物磁気と心霊主義とをひとつながりのものと捉えてもよさそうである。

骨相学（phrenology 頭蓋骨相学あるいはcraniology 頭蓋学）というのは、頭蓋骨の形状を詳細に計測して、それが内部の脳の発達状態の反映と解釈されるところから、その頭蓋の持ち主の性格や能力など精神的特質を言い当てることを狙った学問のことで、一九世紀前半にとくに

評判が高かったものだ。

骨相学においては、頭蓋の部位が前頭部、側頭部、後頭部、頭頂部に分けられるばかりでなく、さらにたくさんの部分に細分化される。各部位の発達具合を計測することによって、ずいぶん細かい性格までが解読される……のだそうだ。

実際には頭蓋の形状と脳味噌の局所の機能との相関関係など存在しないのだが、当時の人々にはよく言い当てていると思われていた。計測者が被験者を診断して推測した性格に合わせて、頭蓋の各部位の境界線を微妙に動かして理論に合うような記述をおこなっていたのである。こうした恣意性は、現代日本

Phre-nol′o-gy (-nŏl′ō-jȳ), *n.* [Gr. φρήν, φρενός + *-logy.*] **1.** Science of the special functions of the several parts of the brain, or of the supposed connection between the faculties of the mind and organs in the brain. **2.** Physiological hypothesis that mental faculties, and traits of character, are shown on the surface of the head or skull; craniology. — **Phre-nol′o-gist,** *n.* — **Phren′o-log′ic** (frĕn′ō-lŏj′ĭk), **Phren′o-log′ic-al,** *a.*

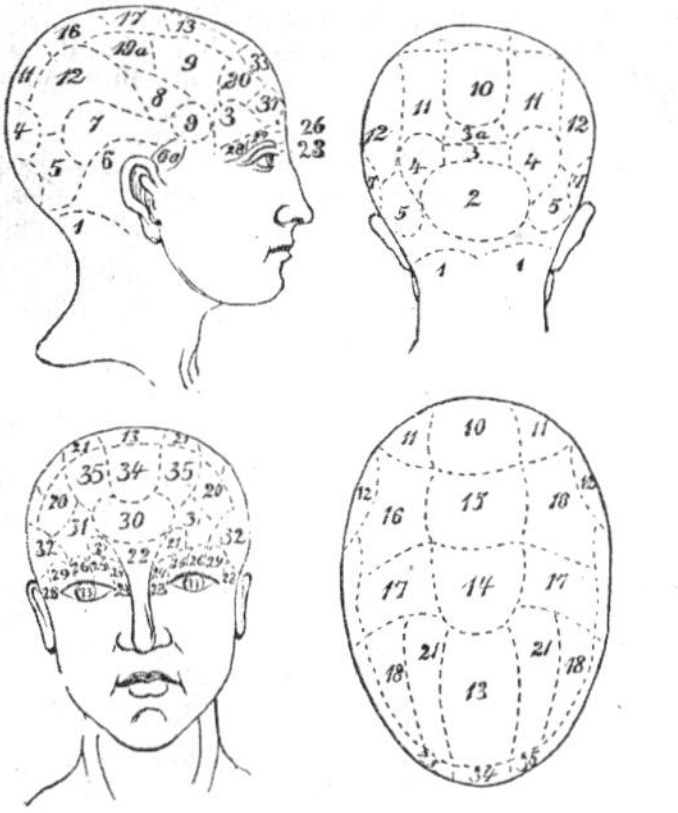

A Chart of Phrenology.

1 Amativeness · 2 Philoprogenitiveness ; 3 Concentrativeness ; 3 *a* Inhabitiveness ; 4 Adhesiveness ; 5 Combativeness ; 6 Destructiveness ; 6 *a* Alimentiveness ; 7 Secretiveness ; 8 Acquisitiveness ; 9 Constructiveness ; 10 Self-esteem ; 11 Love of Approbation ; 12 Cautiousness ; 13 Benevolence ; 14 Veneration ; 15 Firmness ; 16 Conscientiousness ; 17 Hope ; 18 Wonder ; 19 Ideality ; 19 *a* (Not determined) ; 20 Wit ; 21 Imitation ; 22 Individuality ; 23 Form ; 24 Size ; 25 Weight ; 26 Coloring ; 27 Locality ; 28 Number ; 29 Order ; 30 Eventuality ; 31 Time ; 32 Tune ; 33 Language ; 34 Comparison ; 35 Causality. [Some raise the number of organs to forty-three.]

3-7 『ウェブスター教養辞典』で紹介されている骨相学（1895）

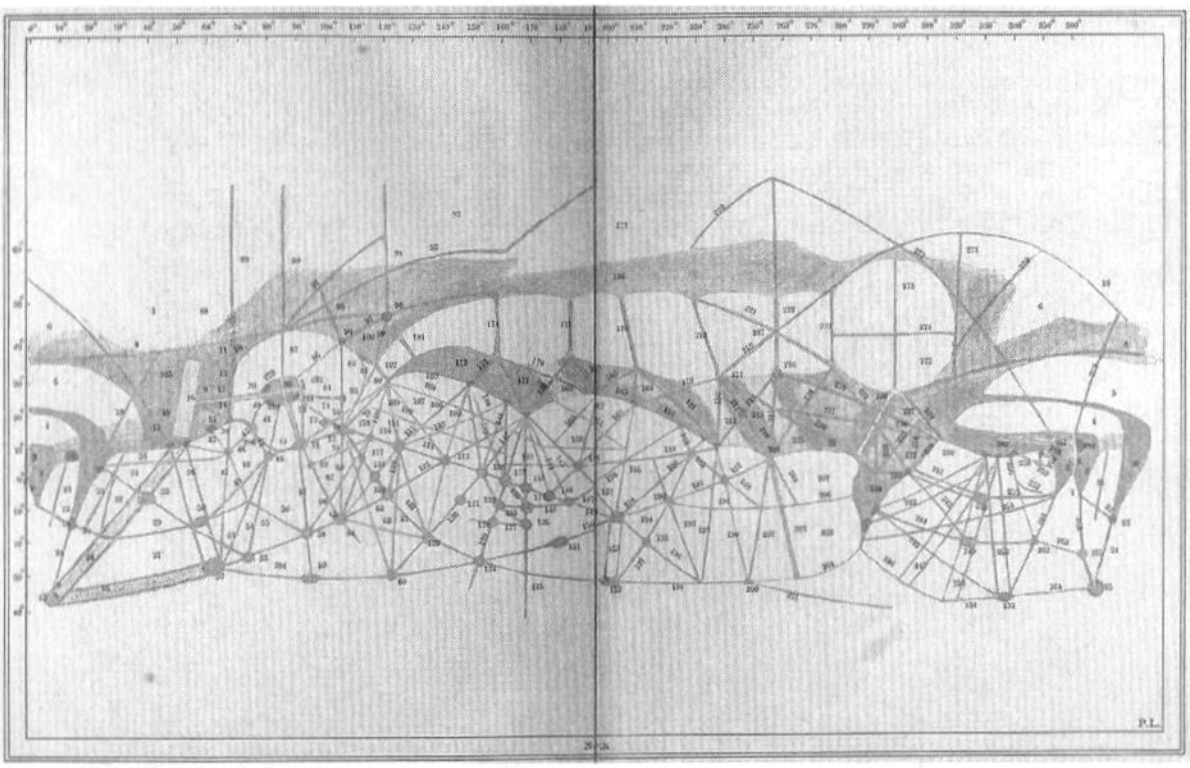

3-8　天文学者パーシバル・ロウエルによる火星の運河地図（1895）

でなぜか人気のある「血液型人間学」にも似ているし、骨相学と同時代の天文学者たちが望遠鏡で火星を観察して、そのピンボケ像から精緻な「運河」の地図を描いていたのにも似ている（思えば二〇世紀半ばまで続いた天文学上の「火星の運河」もまた疑似科学仮説である）。

しかし、人間の思考や感情やさまざまな精神機能が脳の各部位に局在するという骨相学の仮説は、現代の脳科学を先取りしていたとも言えるのである。

骨相学はいつしかメスメリズムと結びつくようになり、骨から性格を見抜くということと、催眠術的な治療とがセットでおこなわれるようになった。頭蓋骨を診断してもらって自らの知的特性を知り、その向上に努めて人生設計に生かすというこうした発想は、現代の自己啓発セミナーを思わせるものだ。こういう進歩向上主義は当時の流行であり、社会改革運動や、弱肉強食を礼賛する社会進化論や人種主義にまでつながる要素をもっていた。

一九世紀といえば、他に水療法と同種療法の流行の時代でもある。

古い時代を描いた映画を見ていると、大勢が温泉場のようなところで社交を繰り広げるシーンに出遭う。これは田舎の温泉場でお湯（あまり熱くない）につかり、何杯もの水を服用し、濡れタオルで体を包んだりこすったりして、心身の均衡を取り戻すという、水療法（ハイドロセラピー）である。たいしたロジックがあったわけではない。もちろん温泉は気分転換になったことは間違いなく、心身によい効果はあっただろう。それは現在の日本の温泉めぐりでも同様である。

同種療法（ホメオパシー）は、ザムエル・ハーネマンというドイツ人医師が一八世紀末に考案したもので、大量に用いると病状を引き起こすような「毒＝薬」を微量に用いて、そういう病状の病気の治療に用いるという仕組みのものだ。これによって患者の身体に反応をもたらし、その力によって病気を克服できる状態にする。簡単に言えば「毒をもって毒を制する」ということで、ちょっと聞くとワクチンのように効能があるかのような気がしてしまうが、科学的にはまったく無根拠である。同種療法で用いる「薬」は一〇〇万倍という単位で希釈したもので、現実にはほとんど薬用成分が残っておらず、あたかもそれは「太平洋に一

3-9　19世紀の瀉血の様子

滴の薬を垂らしてよくかき混ぜ、ひとさじ掬って飲んでみるようなものだ」と揶揄《やゆ》されている。

うどん粉でもプラシーボ効果で効いた気がするように、同種療法も効いた気がするらしい。また、一八～一九世紀の時点においては、こうした療法にも意味があったと言われる。昔は有効な治療法がそもそもあまりなく、薬の用い方も乱暴で、劇薬も用いた。瀉血《しゃけつ》が処方されることもあったが、これは悪い血を流すという迷信的な療法にすぎず、患者を衰弱させるだけであった。そういうのに比べると、ホメオパシーは実質何もやっていないだけに、患者の自然治癒にとって有効だった。

同種療法も水療法も、通常の医療の、機械や建物の修繕に似た「切ったはった」の積極的治療を嫌い、身体の均衡や自然の治癒力をたのみとするロジックをもっている。通常の医師よりもホメオパシーの医師のほうがクライアントへの接し方が親切であるとも言われている。そのためか、欧米やインドなどではホメオパシーは今日なおおおいに流行しており、半ば医療のような扱いを受けているらしい。その感じは日本や中国における鍼治療の定着ぶりに似ている。ニューエイジの到来とともに鍼は欧米でも代替医療として知られるようになり、流行中である。その効き目のほどを科学的に調査してみた結果としては、痛みや吐き気の緩和などに効果があるものの、「効くと思うから効く」レベルのものだと結論づけられている［シン］。

第4章　明治末の千里眼ブームと新宗教の動向

千里眼ブーム

第2章で見たように、西洋の心霊主義は、コックリさんという形で明治の中ごろの日本にわずかながらも伝わっていたのだった。本章ではこのコックリさんブームの二十数年後の一九一〇年代――つまり明治から大正への変わり目の時期――に起きた千里眼ブームに光を当てたい。[*10]

「千里眼」とは千里先のものまで見通せる摩訶不思議な眼力を指す日本の伝統的な観念だが、この時期の新聞紙面をにぎわした千里眼なるものは、むしろ西洋伝来の催眠術や心霊主義の影響を受けたもので、当事者たちは「透視」「透見」などとも呼んでいた。それはテレパシー的な作用で、遠くのものを見通すことも、目の前の物体や肉体の裏や内部にある物や病巣を感知することも、区別なく指しうる概念であった。けっこうアバウトである。

西洋発の啓蒙精神をもって日本の「妖怪」を駆逐せんとした円了先生にとっては皮肉なことに、今回の千里眼ブームでは、西洋発の妖怪信仰とも言える心霊主義《スピリチュアリズム》（円了の言い方では鬼神術）

が日本の大衆社会と学術界とを席巻したのだ。

ブームを用意したのは、一九〇〇年代よりはじまる催眠術の浸透である。西洋の場合と同じく日本においても、催眠術は民間療法と大道芸の両方にまたがる概念であった。第3章で述べたように、催眠術は暗示のテクニックにすぎない。しかし、この時代には、催眠状態が潜在能力を活性化すると思われていた。そうした潜在能力にはテレパシー的なもの、透視術的なものが漫然と含まれていた。

御船千鶴子の場合

さて、その一九〇〇年代のあるときのことである。

熊本の士族の娘である御船千鶴子《みふねちづこ》（一八八六〜一九一一）は、かねてより催眠術を研究中の義兄の清原猛雄の施術を受けた。清原氏は千鶴子に催眠をかけた際に、千里眼ができるとの暗示もかけた。すると、千鶴子は日露戦争に関係したある遭難船の様子を「透視」できたのだという。当事者たちの言なので、信憑性については定かではない。ともあれ、千鶴子と清原氏は催

＊10　千里眼ブームの一次資料の掘り起こしや時代の分析に関しては一柳廣孝の研究が優れている［一柳］。これによれば、福来失脚の背後には迷信拡大に対する大学や政府の危惧があった。

眠中の透視能力が実証されたと思った。

千鶴子は修練を積み、ほどなくして催眠状態に入らずとも透視能力を発揮できるようになった。そして透視で失せ物を発見したり、「新式療法完成セバ天下万民ノ幸福ナリ」「精神《せいしん》一到《いっとう》何《なに》事《ごと》不成《かなさざらん》」[*11]などと書いた文字を封筒に入れたものを透視して的中させたりした。やがて彼女は、身体透視によって病人を治療できるまでになり、清原邸にて治療院めいたものを開いたのだ。

千里眼の噂は拡がり、地元の学校校長である井芹経平《いせりつねひら》が簡便な文字当て実験をしてみたところ、これもやはり概ね的中させた。井芹は東京帝国大学の心理学助教授・福来友吉博士を訪ねて、千鶴子を研究対象とするのはいかがかと進言した。一九〇九年のことだ。福来は異常心理学（当時の言い方で「変態心理学」）の権威であり、博士論文はまさしく「催眠術の心理学的研究」だったのだ。

井芹校長から話を聞いた福来助教授は、はてどんなものだろうかと疑ったようだが、翌一九一〇年、試みに文字を書いた紙を封印した試験物をいくつかつくって熊本に郵送し、千鶴子に書かれた文字を推定させたところ、驚くべき好成績との結果を得た。福来は透視能力が本当にあるのかもしれないと思いなおして、現地調査をおこなうことを決意した。

ここまでの経緯についてちょっと考えてみたいと思う。

遭難船の透視など、千鶴子の透視をめぐる手柄噺は、いずれも当事者たちが福来らに告げた

（左）4-1　御船千鶴子　（中央）4-2　福来友吉　（右）4-3　山川健次郎

ものであり、懐疑的に捉えれば、私的に伝説化された話である可能性がある。「新式療法完成セバ天下万民ノ幸福ナリ」「精神一到何事不成」という文章の透視は一見難しそうだが、これはたぶん義兄の思想そのもの、義兄と千鶴子の願いそのものなので、実験としてはかえって精度が低い。日頃の義兄の口癖などから察知するということが考えられるからだ（実験には無機質で無意味な文字列のほうがいい）。

　病気治しに関しては、メスメルの動物磁気説以来、暗示の力によって病気が治る（治った気がする）ことは明らかなので、千鶴子自身の思い込みさえ強ければ、暗示の伝染によって治療院が成功したとしてもとくに不思議はない。[＊12]

＊11　精神を集中すれば何だってできてしまう。『朱子語類』による。古来、精神主義者の好きなフレーズである。

透視実験

井芹校長の実験や、井芹が福来に託された実験は、どの程度厳密なものであったか不明である。千鶴子らが密かな開封をおこなわなかったとは言い切れない。

郵送実験のディテールを見てみると、福来博士は一九本ほど試験物（封印した封筒）を井芹氏宛てに郵送し、うち七本が戻ってきたのだという。それらは文字の書き間違いの類を除けば、全問正解に近い結果であった。

その七本の前に試みた三本は、精神集中の際に眠気を催して火鉢に落とし焼失したと言うのだが、このところがちょっと怪しい。開封しようといろいろやっているうちに封を傷つけてしまい、四本目にして初めて安全な開封法を確立したと考えるのは、決して邪推ではないだろう。残りの九本を返さなくてすむように交渉したのは、最初の七本で福来先生を「騙す」ことができたのであれば、苦労して最後までやる必要はないからではないだろうか。

「騙す」というとすごい悪だくみのように聞こえるが、本来はそれほどの悪意はなかったとも考えられる。要するになりゆきでしてしまったことではあるまいか？

つまりこうだ。もともと千鶴子や義兄がやろうとしていたことは、催眠術や千里眼能力について自ら暗示をかけ、その暗示の伝播によって「信仰治療」を成功させることである。これは科学的厳密さとは無縁の世界の話であり、いわば気合の問題だ。千鶴子は日々、寝床に横たわる患者を前にして、その病巣を「透視」する。その思い込みによって患者の病気は軽減する（こともある）。とにもかくにも患者たちが（じつは自己暗示の力によって）次々と病気回復を報告してくるのであれば、それが何よりも自分たちのやっていることの「正しさの証し」となる。透視のプロセスにおいて嘘や誇張があったとしても、それは方便として正当化できる。

ちなみに、現代でも信仰治療は盛んだが、教団などがその真実性をあっけらかんと信じているのは、結果的に「治った」という声があちこちから上がってくるからだ。同様のことは鍼の治療効果についても言える。[*13] 両手に持った棒の動きから地下の水脈などを探るダウジングの実

＊12　福来と京都帝大の今村新吉は四月に熊本市の某氏邸で実験をした際、千鶴子が長崎氏夫妻と七歳の子どもを診察するのを観察した。三人の患者は座敷にて正座し、半畳ほど間を置いて坐った千鶴子は両眼を閉じて四分三〇秒ほど精神集中し、傍らの井芹氏に結果を告げる。「夫人の肺はまったく健康なり。ただ気管の上方は少しく爛れおれり。令息は肺も心臓も異常なけれども腎臓に故障あり。すなわち左方は右方よりも腫れおれり。長崎氏は胃拡張にして腸も少しく悪し」［福来］

＊13　シン他著『代替医療のトリック』は、鍼はプラシーボだと知られると効果自体が消えるので、ここに虚構を信じさせるべきか真実を明かすべきかという倫理的問題が含まれていると指摘している［シン］。

践者が自らの虚構を信じていられるのも、同じことだ。

そんなわけだから、福来博士が、たとえ郵送実験という形であれアカデミックな実験を申し込んできたことは、もしかしたら当人たちに困惑をもたらした可能性がある。

いま述べたように、たぶん科学の営みというものを正確には知らない千鶴子たちは、虚構と事実を厳密に弁別しない民衆文化のなかに生きている。そこへ、透視があるのかないのかをデジタルに峻別する文化が押し寄せてきたのだ。大学の先生のお墨付きを得られるのであれば、それはありがたい。しかし、いざ郵送物を透視せんと睨みつけても、いつものとおり曖昧な印象が心に飛来するばかりだっただろう。見えた気になっただけでも十分通用する患者の人体透視と違って、文字を材料とする試験の結果は白黒がはっきりしている。それは怖い。

しかし、透視能力への自分たちなりの実用的確信があるのであれば、とりあえずこの試験に関しては、封筒を開けて正しい答えを盗み見て、それを送り返しておけば、それでいいではないか？　それで博士が満足してくれるのであれば……。大学の先生を騙そうというのではない。自分たちの文化を防衛しようとしているだけだ。

もし、ざっとでもこういう思考回路が働いたのだとすれば、千鶴子と義兄の行動は私には理解できるように思えるのである。

と、同時に、この段階でもはや、千鶴子自身の無邪気な自信は掘り崩されてしまった可能性があるのではないかとも思う。

困ったことに、実験は郵便だけで終わらず、博士自身が家までやってきて、幾度も幾度も繰り返される。

じつは、あとで述べるように、福来先生のほうでは、精神統一を必要とするであろう霊媒に対する、観察を含む実験という変則的な事態を前にして、実験方法にかなりの手加減を加えていたのだが、これがかえって千鶴子のトリックを曖昧なままに延命させ、彼女を「引っ込みがつかない」ところまで追い込んだように思われるのだ。福来先生の記録を読むと、四月には元気であった千鶴子は八月ごろから衰弱してきている。[*14]

実験の信憑性

以上はもちろん私の勝手な推測である。ドイルの描くシャーロック・ホームズばりに自信たっぷりな、うがち過ぎの推理と言われてもしょうがない。

*14 「千鶴子の容貌を見るに、四月彼女を見たる時よりも少しく痩せかつ活気も衰えたるがごとし。清原氏によれば、千鶴子は熊本を発する以前、すなわち八月中より痩せ衰えいたりと云う」（一九一〇年九月一日）［福来］

私が千鶴子の透視を虚構ないし虚偽と考えるのは、第一に、この一〇〇年を見ても封印された文字をばっちり読むといった派手な透視能力が実証されたケースが皆無であるので、千鶴子ばかりが特別であったと考える理由がないからだ。第二に、もしそれでも千鶴子のケースが福来博士を筆頭とした研究者たちによって十分に実証されたのであれば、まじめに受け止めなければならないが、実際のところそれらの実験はきわめて不備なものであったからである。

そんなわけで、私たちは、千鶴子がそういう超能力を「もっていた」「もっていなかった」を五分五分の確率と見ることはできない。とりあえず「もっていなかった」と考えて、もっていたと主張するならその確たる証拠を出せ、と言うしかない。そして千鶴子にフレンドリーな福来先生たちは、あとで述べる不幸も重なって、確たる証拠を挙げることができなかったのである。

ここで、福来や同時期にやはり千鶴子を研究対象にしていた京都帝大・医科大学教授の今村新吉がおこなった透視実験について述べておこう。

実験は基本的に紙や箱などに入れて封印したカードにある文字を透視するという「文字当てクイズ」である。家や旅館などでおこなう場合は、精神統一に必要だという千鶴子の要請に従って、観察者に背を向けて実験をおこなうのがふつうであった。開いた襖を隔てて両者が別室にいることも、時には襖が閉じていることもあった。実験条件としてかなり甘い。千鶴子は和

4-4　福来と今村による御船千鶴子の実験の記録（1910）

実施年月日（実施者）	場所	紙・カードの封じ方	出題数	結果
2月（福来から郵送）	熊本・清原邸	封筒、紙封	19問	回答7問、概ね正解
2月20-21日（今村）	熊本・清原邸	封筒、紙封	13問	9問正解
4月10-15日（福来・今村）	熊本・清原邸	壺／箱、紙封	14問	概ね正解
		★厳重な木製二重箱	3問	不正解
4-5月（福来から郵送）	熊本・清原邸	封筒／木箱、紙封	5問	5問正解
9月2-5日（福来・今村）	京都・旅館	壺／木箱／鉛管、紙封	6問	5問正解
		★鉛管、木筒、封蠟	3問	1問正解
		★鉛管、ハンダ	6問	2問正解
9月14日（山川他多数の教授）	東京・某氏私邸	★鉛管、ハンダ	3問	不正解
9月15日（記者たちの出題）	東京・旅館	壺＋木箱、紙封	1問	正解
9月17日（山川他多数の教授）	東京・旅館	壺＋木箱、紐、紙封	1問	正解
11月17-19日（福来）	熊本・旅館	★鉛管、ハンダ	1問	2度目に正解
		紙箱、紙封	3問	2問正解
		⋆骰子（手元見せず）	4問	3問正解
		⋆骰子（手元見せる）	5問	3問正解

服姿で座布団に坐り、膝の上に置いた試験物をじっと透視する——というふうに背中側の観察者には見えた。透視に要する時間は数分から一五分程度。

まず二月に福来先生が郵送で紙封の透視実験をやったところ、すでに紹介したように、回答のあったものについては概ね正解であった。四～五月にも郵送実験をやっているが、これも紙封で五問中五問正解である。清原宅や旅館などで対面でおこなった実験は、二月（今村）、四月と九月（両名）、一一月（福来）がある。すべて合わせて五〇問近くの出題だが、比較的簡便な紙封のものについては正解率がかなり高く、鉛管に入れてハンダ付けしたもの一〇問については基本的に不正解となっている。

紙封による実験が不備であることは福来も認めていた。ある人が試みにやってみたところでは、唾で封を開け、また閉じて乾かすのに一〇分もあれば足りるのであった。千鶴子は観察者に背を向けて透視していたから、このヨダレ作戦が疑われてしまう。そこで、福来は鉛管に入れてハンダ付けをするというやり方も工夫してみたが、とたんに成功しなくなる。

ちょっとややこしいのは、ハンダ付けでいったん失敗したのち、あとになってからもう一度やってほしいと千鶴子が申し出て成功したものが三つほどあることだ。問題は、千鶴子も観察者もいったん退席し、ずいぶん時間がたってから再実験をおこなっていること、試験課題の管理の様子がよくわからず、千鶴子がずっと持っていたことが明らかであるものも含まれていることだ。これでは、千鶴子の協力者の介入を疑われてもしょうがない。

こうした実験がかなり手ぬるいものであることは福来も承知していた。心理学者である先生の言い分としては、人間は物理学者の実験対象である物体や物質ではない。精神統一が必要だと言われればそれをとりあえず信用してあげるしかない。そして実験そのものに慣らしてやることで、そのうちに徐々に厳密な検査に移行していくというやり方でいいではないか？　つまりこれはちょうど、物わかりのいい医師が、薬を飲みたがらない患者に対して、「それでは治療を打ち切ります」とは言わず、「今日のところはこれでけっこうですよ。そのうちに頃合いを見て、半分だけ薬を試してみましょうか」とか猫なで声で言ったりするのに似ているわけだ。

このような甘さは一九世紀の西欧の心霊研究者にも見られたもので、これはまだ人間を実験の対象にするということに、学者の側も市民の側も慣れていなかったことが背景にある。人をつかまえていきなり厳重な実験を施すのは、まるで犯罪者の尋問のようだからだ。だから福来先生の悠長なやり方にも同情できるのである。

問題は、徐々に厳密な実験に変えようと思っている間に、千鶴子が死んでしまったことだ。これによって、この実験は永遠に完成しないままに、実質的な価値を持たないままに、終わってしまったのである。

以上のようなわけで、私は千鶴子のケースを「基本的に妥当性のない事案」として扱っている。また「騙し」があったとしても、先に述べた理由で、それは基本的に同情できる事態であったと思っている。基本的にここにある問題は、「透視ができたのかどうか」という超常現象の真偽に関わるものではなく、一般大衆の真偽観（満足できたのであればそれは事実だったのだと考える）と科学の真偽観（満足と事実とは別問題だと考える）との文化ギャップに関わるものだと私は思う。

こうした文化ギャップは、じつは二一世紀の今日までも、科学者や専門の研究家と一般大衆との間に残存している。大衆が求めているのは、いつも物理的事実ではなく心理的効果なのだ。

不幸な結末

話を少し前に戻す。被験者・千鶴子にとって不幸なことに、東大と京大の関わる実験騒動は、新聞社の囃し立てもあって、むしろ次第に大袈裟なものになっていく。ついに元東大総長で物理学者の山川健次郎博士をはじめ、心理学、医学、法学、哲学までの大教授たちを前にした公開実験をおこなうというところまで話はエスカレートした。

そしてこの実験——一九一〇年九月に東京でおこなわれた——において、千鶴子はちょっとばかり奇妙な失態を演じた（透視に成功はしたものの、課題の試験物とは違うものが紛れ込んでいた。福来先生が「お守り」として予め預けていた別の試験物だ）。しかし、翌日の新聞記者を前にした実験のほうは大成功だった。翌々日に再び教授連の前でおこなったリベンジ実験のほうもクリアでき、決して評判は悪くなかった。

しかし、このあたりが評判のピークであった。

千鶴子の詐術を疑う者も、福来先生の実験管理能力を疑う者も、学術界には現れていた。マスコミでの千鶴子の評判はまだ保持されていたが、同時期に起きた後述の長尾郁子のほうではかなり鋭くつっこまれていた。

そんななかで、なんと、千鶴子は服毒自殺してしまう。一九一一年一月一八日、彼女は染料用の重クロム酸カリを服用し、翌日には帰らぬ人となった。享年二四。

これには福来も驚いたことだろう。

千鶴子の自殺は透視の詐術の罪の意識からではないかとも言われたが、地元ではむしろ、知名度が上がった千鶴子の能力を本格的に金儲けに利用せんとした父親との確執にその原因があったという意見が強かったと言われる。

ともあれ、自殺してしまえば、これはどうしても印象が悪くなる。「詐欺師」だと書き立てる新聞もついに出現した。思えば、千鶴子のケースも、コティングリーの妖精写真のケースも、パターンとしては似たようなものであった。内輪の話が外部にひろがり、やがて抜き差しならぬ事態となる、という話だ。

しかし、フランシスとエルシーのケースは微笑ましいエピソードのままで終わることができた。あるいは、霊媒ブームをつくったフォックス姉妹のケースでも、当事者は最後は不幸になりはしたが、長らく儲けることができた。

千鶴子のケースの特徴は、あまりにスピーディに悲劇的結末を迎えたことだ。武家の娘は覚悟するのが速いとも言えそうだし、熱しやすく冷めやすい日本の世論について一席ぶつこともできそうだ。千里眼ブームは鳴り物入りではじまり、あっという間にブーイングに転じた。千鶴子の千里眼の評判は、あたかも二〇一四年のリケジョ・小保方晴子氏のＳＴＡＰ細胞騒動*[15]のように、一年ももたなかったのである。

長尾郁子の念写

四国は丸亀の武士の娘、長尾郁子（一八七一～一九一二）は、千鶴子と並んで有名な千里眼だ。すでに千鶴子についてかなり紙幅を割いたので、話のパターンの似ている郁子については要点だけを記すことにする。

郁子はもともと天照皇大神宮、観音、不動明王などの信仰が篤く、予言などをおこなう習慣があったが、一九一〇年に千鶴子の評判に刺激されて透視を試み、すぐに熟練したと言う。一〇月ごろにはあちこちの新聞に評判が載るようになり、一一月には福来博士と今村博士の透視実験がはじまり、これがすぐに念写実験へと発展する。
透視というのは、隠されているものを見ることだが、念写は逆に頭のなかのものを外部に（写真乾板に）投影することだ。千鶴子との違いはこの念写にある。他に郁子が手元を見せながら実験に応じることができるという点も重大な違いだ。しかし、博士たちの実験方法が甘く、詐術の疑いが濃いという点では千鶴子と共通している。

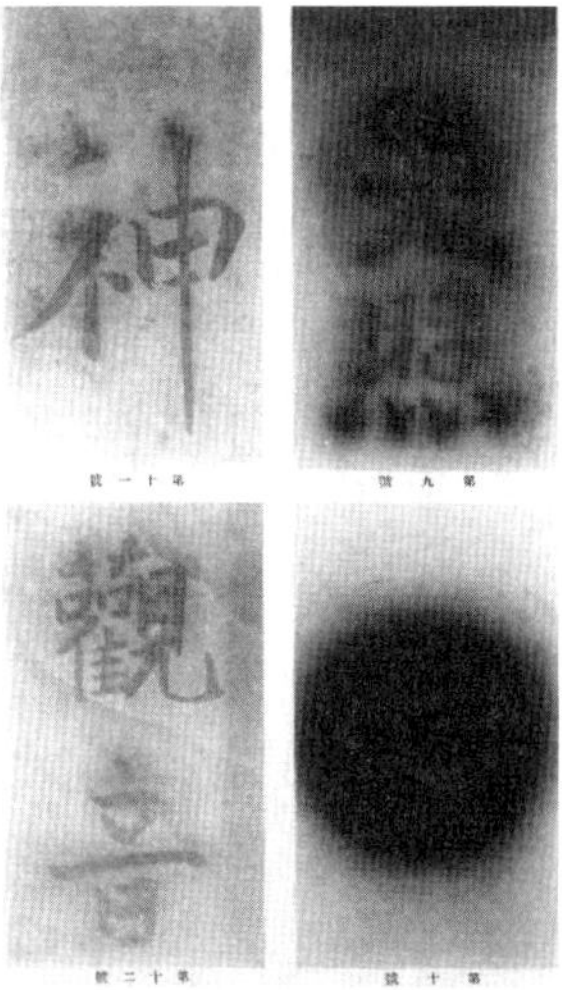

4-5　福来『透視と念写』にある念写された文字・図形「天照」「●」「神」「観音」

さらに、東大の山川健次郎博士が教授連を引き連れて実験に乗り出したという点でも、千鶴子の場合と似

＊15　理化学研究所の小保方晴子氏は二〇一四年一月に「ネイチャー」誌に、外的刺激のみで万能細胞化したという画期的なＳＴＡＰ（刺激惹起性多能性獲得）細胞に関する論文を提出したが、すぐにこの論文や博士論文に不正が見つかり、騒動となった。上司の自殺事件も起き、翌年一一月に学位を取り消された。

ている。そしてこちらの実験でもハプニングが起こった。それはすぐに重大な疑惑に発展する。千鶴子の場合よりも事件の展開が速く、疑惑の内容が険悪であり、マスコミの追及も厳しいものだった。そして一九一一年二月、郁子はインフルエンザをこじらせ、急性肺炎で亡くなった。著名になってから死ぬまでが速かったのも千鶴子と同じだが、ただし郁子の場合は自殺ではない（発病は偶発だとしても、身体を衰弱させるような精神上のトラブルがあったという可能性はあるだろう）。

さて、郁子のケースの注目点は次のとおりである。

まずは「念写」発見をめぐるドタバタ劇。福来ら実験者たちは郁子に文字を写した未現像の乾板を渡し、それを透視するという実験を施してみたのだが、その際に、開封していないはずの乾板に感光の形跡が見つかる。京大の三浦恒助という学生が実験したときもそうであったので、郁子より発せられた未知の光線かということで「京大光線」という即席の概念を新聞インタビューで口走る。福来のほうでは物理的な放射線ではなく、なにか精神的な作用だと考えて「精神線」などと呼んだのだが、そうした精神の力で思いのままに写真に文字を写し込めるのではないかと思いついて、これまたいささか先走って「念写 nengraphy」[*16]なる概念をつくってしまう。そしてこの念写実験が「成功」するのだ。

疑惑と混乱

しかし、郁子の成功には数々の奇妙な点があった。長尾家では、玄関口の六畳に実験用の乾板をしばらく置くという約束になっていた。実験以外のときに、郁子のパワーで感光させてしまうかもしれないからだ。しかしこれでは皆が居間に集まっているときに、手の者が乾板をすり替えるなんてことができてしまう。課題となる文字は郁子が自分から指定するか、前日に申し込んだものに限られる。文字の形体は不思議と運筆によって完全な囲みが生じないもののみであり、「東京」のように囲まれた部分のある文字の場合は、なぜか背後に格子が写っている。これはステンシルを用いて予め感光させた結果だと想像される。

山川博士立ち会いの実験においては、乾板の包みを開けばあとでバレるような小細工をしかけておいたところ、やっぱり誰かが先に開けていたことがわかった。残念なことに、この仕掛けを施した学士は肝心の乾板を入れ忘れ、実験は中止となってしまったものだから、そもそもが誰かの陰謀ではないか、茶番ではないかという疑惑まで生じてしまい、さらに郁子のほうでも攻勢に出るなど、事件はワケのわからないものへと発展する。東大側の「念写」と京大側の「京大光線」という先走った新発見発表合戦の様子からみても、学界全体が浮足立っていたこと、その浮いた足の引っ張り合いが起きていたことは明らかであるように思われる。

＊16　英語ではふつうthoughtography。この概念自体は福来と無関係に一九世紀からあった。

また、そもそも山川博士という大御所が乗り出してきたことには、学界の上層部において、近ごろの千里眼ブームが民衆の科学精神からの逸脱やオカルト蒙昧主義を助長しかねないという懸念が広がっていたことが関係しているとも言われる。このあたりの大学の判断には学術的なものと政策的なものとが混ざりあっている［一柳］。

そんな次第で、郁子の事例は千鶴子の場合以上に後味の悪いものとなった。福来助教授は人がよかったのか、意固地になったのか、透視と念写を擁護しつづけたが、やがて教授たちも援護してくれなくなり、東大助教授を辞めざるをえなくなった。

今日の感覚では、そもそも東大や京大の博士が超能力的な放射線の有無を論じていたということ自体が驚きであるが、X線だのラジウムだのの発見が相次いだ当時としては、従来の学問体系を打ち破る新たな発見として何があっても不思議ではないという雰囲気があったと言われている。

しかしまあ、たとえば英国などでは科学的な心霊実験が長い期間にわたって幾度もおこなわれ、懐疑的な眼で見られながらもSPR（心霊研究協会）が今日まで存続している。西洋人のこんな「気の長さ」のことを思うと、日本人の場合は集団的なヒートアップとクールダウンのスパンが短か過ぎるような気がする。つまり懐疑の印をつけたまましばらく様子を見るというゆとりがなく、どんな馬鹿げたことにも気長に論争を続けるというソクラテスやプラトン以来の弁論の気風もなく、東大を追われた福来先生はそうした国民性の犠牲になったとも言えるだろう。科学界そのものの層が薄いので、当時としては仕方なかったのだろうが。

日本における心霊主義の影響——一般社会と新宗教

御船千鶴子や長尾郁子らの千里眼騒動が起きていた時期というのは、催眠術が流行していたばかりでなく、欧米の心霊主義（spiritualism）の情報ないし書籍の紹介やら翻訳やらのラッシュが続いた時期でもあった。一柳によれば渋江易軒の著訳書が目立ち（『原理応用　降神術（Spiritism）』『人身磁力催眠術』、どちらも一九〇九）、また旧約聖書の翻訳委員でもあった高橋五郎が、心霊研究（psychical research）方面のスパンの長い翻訳活動をしている（オリヴァー・ロッジ卿の『死後の生存』、一九一七など）［一柳］。

いったいそういうものが、アカデミズムにおいて、あるいは一般社会においてどれほどの影響をもっていたのかよくわからないし、過大評価は慎むべきだろう。しかし、二〇世紀後半にも、超能力だの超常現象だのがテレビを通じてお茶の間でブームを呼ぶと同時に、アカデミズムにおいても「知」の新たな「パラダイム」だの「脱構築」だのといったものが過度に流行した。そんな時代を潜り抜けた私自身の印象から逆算して考えてみると、**おそらくは当時においても、とくに人文系の人々の間に「いまや科学の体系の大きな転換が起きようとしている」と**

いう漠然とした認識あるいは期待が広まっていたのではないかと思う。

たとえば、柳宗悦という名の若き宗教哲学者――のちに美学的な民芸運動で有名になるあの柳宗悦だ――は、まさしく一九一一年に『科学と人生』という本を刊行し、現代科学は死者の霊の存在を実証した、科学思想の画期的新時代が訪れたと主張している［柳］。二〇世紀後半風に言えば「パラダイムの転換が起こった！」のだ。

この本は当時の日本の人文系知識人における心霊主義の認識がどのようなものであったかを教えてくれる興味深い本である。宗悦は透視、自動書記、霊媒とそれをめぐる実験などの情報を次々と紹介し、電気的・光学的現象を起こせるのみならず、放射能的な作用すら見せたという霊媒の話などをくわしく追う。続けて幽霊や怪異現象の話に向かうのだが、いろいろと書いたあげくの結論は、生と死をめぐる思想史上の転換である。

宗悦は弁証法ふうに三段階で話をまとめる。①死後の生を独断的に説いた宗教の時代、②それを否定した科学の時代、③それを実証的に明かした「新しき科学」の時代、という具合だ。ちなみにこの「新しき科学」という言葉は二〇世紀後半にポストモダン系の人々が夢想した「ニューサイエンス」を思わせておもしろい（第8章参照）。

第1章で見たように、心霊主義《スピリチュアリズム》には自然科学の物質主義（マテリアリズム、唯物論）への反論ないしリベンジの要素がある。だから心霊主義の歴史的浮上は、自然科学の優位に対する宗教や人文系の思想からの巻き返しを暗示するものだったろうと思われる。

心霊主義がそうした攻守交替の言説を呼び込んだとすれば、さらに進んで、近代化に対する伝統主義、都会的知識人に対する土着的民衆、西洋の合理主義に対する東洋精神と、ありとあらゆるタイプのリベンジに火がつくことになりそうだ。民衆的な千里眼信仰が大学の先生を翻弄させたというのも、そうした攪乱の一環であったということだろう。

心霊主義と保守的思想

なお、一神教的な西洋と異なる日本など東アジア社会の特徴として、もともとが死者の口寄せをする霊媒が活躍する、多神教・アニミズム的な宗教環境が挙げられる。心霊主義の勃興は東洋の民俗宗教の復権としても受け止められたことだろう。密教の加持祈禱にせよ、先祖供養の法事にせよ、輪廻信仰にせよ、さらに民間のイタコ式の口寄せから、霊や神が出てきて優雅に舞う夢幻能にせよ、大雑把にアニミズム的と言える日本的宗教世界は、そもそも心霊主義めいたものだった。むしろ死んだご先祖が草葉の陰から子孫を見守っている日本的幽冥界こそが、心霊世界の老舗だ、本家だという意識が現れても不思議ではない。

ちなみに、幽冥界を説いた国学者・平田篤胤の学風を受け継ぐ柳田國男が、神々や妖怪や死者の霊の登場する民俗誌、『遠野物語』を世に問うたのは、一九一〇年のことだ。民俗学の勃興の背景には、明治期より続く怪談噺の流行など、さまざまなものがあったようだが［東］、一九世紀後半に勃興した西洋各国の民俗学と並んで、西洋発心霊主義もまた、影響力をもったかもしれない。

それでは、心霊主義をありがたく押し戴きつつ、それを心霊文化上の日本の優位性の主張に結びつけた事例として、新宗教教団・大本（皇道大本）の論説家、浅野和三郎（一八七四～一九三七）の書いたものに目を通してみよう。

浅野はすでに一九一〇年代に著述で心霊主義や神智学への言及をおこなっているが、氏が死の三年前の一九三四年に著した『神霊主義』がこの方面の総合的な記述ということになるかと思う［浅野］。ここでいう「神霊」とはスピリチュアリズムの氏特有の訳語であり、それは西洋式の心霊の世界を日本多神教式の神々の世界にするりとつなげるための工夫かと思われる。

本来英文学の教授であった浅野氏はたくさんの英書に言及しているのだが、しかしいまだに霊媒の出した幽霊を「近代物理学界の権威ウィリアム・クルックス卿」が研究したなどと、古臭い話を蒸し返している。テーブルターニングも健在だ。

ともあれ、西洋の心霊主義者の言説と同じく、浅野氏の論考も、あれこれの超常現象の「科学的」事例報告にはじまって、一足飛びに死後の世界をめぐる形而上学に向かっていく。死後の霊の進歩向上、霊のヒエラルキーの頂点に立つ汎神論的な神といったものから成る神学だ。

最終的な結論としては、神霊主義は次の四つの方面で発展すべきだということになる。

・哲学的に……老子や神道の大自然主義
・科学的に……宇宙全体が一大生命の流れであるという大生命主義
・道徳的に……万世一系の皇室を中心とする国体すなわち大家族主義という世界的模範
・宗教的に……日本宗教の敬神崇祖主義という世界的模範

なるほど、結局は日本の宗教と習俗と天皇崇敬がいちばん偉いという話に向かうわけだ。これは日本において繰り返し現れる、今日では右翼系の自民党議員などにもっとも受けがよさそうな思想である。

というわけで、二〇世紀に入ってからの心霊主義のリベンジ的隆盛の余波のなかには、明治政府が推し進めてきた皇室崇敬と国家神道への熱狂というものもあったのだった。

コラム④　大本とその周辺——出口ナオ、出口王仁三郎、浅野和三郎、谷口雅春

大本のような民衆教団においては、宗教的ナショナリズムは出発点からあった。

大本の開祖は霊媒型預言者である出口ナオである。日本国家が列強との不平等条約への不満を抑えながら西洋化の大変革に突き進みつつある一八九二年（明治二五年）、ナオは、有名な「三千世界一度に開く梅の花、艮《うしとら》の金神《こんじん》の世に成りたぞよ。梅で開いて松で治める、神国《しんこく》の世になりたぞよ」［出口ナオ（明治二五年旧正月）］[*17] という託宣を下した。

この美しいフレーズのあとには「外国は獣類《けもの》の世、強いもの勝ちの、悪魔ばかりの国であるぞよ」「外国人よ。今に艮の金神が、返報返しを致すぞよ」といった激しい言葉が続く。艮の金神をアッラーやキリスト《ハリストス》に入れ替えれば、今日のイスラム原理主義者が西洋帝国主義に、あるいはロシア愛国主義者がＮＡＴＯ諸国に向かって言いそうな呪詛に聞こえる。

大正ごろに浅野和三郎が機関誌に書いた神智学への批評にも、民族主義的なリベンジの気分がみなぎっている。曰く、「霊智学会」（神智学協会）のブラヴァツキー夫人は世界中の霊学に精通しているようだが、日本の霊学に関する知識は貧弱で、そこが欠点となっている。しかし日本の霊学、大本の霊学こそが肝心カナメの知識なのである。浅野はこれに続けて、

天孫降臨までの神界の歴史や、鎮魂帰神法やら神通力をつける修養などについて訓戒を垂れる［『神霊界』（大正六年（一九一七年）三月号）］。

浅野が読んだブラヴァツキー夫人の著作の内容は、世界各地の宗教思想の実態とは無関係の夫人固有の私的霊言である。浅野が日本の記述がいいかげんだと思ったのなら、他の記述だっていいかげんだと喝破してもよさそうなのだが、しかし彼は西洋発のオカルト霊学の権威にあやかりたいので、リップサービスで褒めておき、そのうえで日本ないし大本の霊学のほうが本格的だと宣伝したわけだ。このあたりも情念的リベンジの見本のようになっている。

大本は政府から二度も弾圧を受けたために、なんとなく反戦・反軍国的勢力であるような誤解もあるのだけれども、ナオと並ぶリーダーである出口王仁三郎は、戦前・戦中と、むしろ政府以上に好戦的姿勢だったという指摘もある。やっぱり日本の神が世界を制覇するはずだったのだろう。昭和期の王仁三郎は、大陸での日本の勢力拡大を目指す軍人たちとも結びつき、布教目的とはいえ、私兵を連れて進軍まがいのことまでやった[*18]。

浅野の議論は西洋発の心霊主義や神智学に基づくところが大きい。一方で、大本の信者であったが独立して「生長の家」の開祖となった谷口雅春（一八九三～一九八五）は、むしろアメリカ育ちの新宗教、クリスチャン・サイエンス[*19]の影響を強く受けている。心霊主義が物質主義に対する精神のリベンジを果たさんとするものだとすれば、こちらの思想は、物質は幻影で心こそが真実在だとする、いっそう強硬なものだった。

彼の『生命の実相』〔谷口〕を見てみよう。「人は心であり、物質は心に思い浮べた想念が形に化したものでありますから、人の肉体は心で思うとおりになるのであります」（第1巻六一ページ）。谷口によると、病気は自己の信念のみで治すべきであり、薬にたよる奴隷的信念は克服しなければならない。エディ夫人（クリスチャン・サイエンスの創始者）などは、ふつうの塩水を極度に希釈したものを飲ませるだけで、あっぱれ、重病患者を治してしまった。これに倣うべし、と。

なんだかプラシーボ効果やホメオパシーを思い起こさせるエピソードだ。まあ、千鶴子の透視の暗示で病気が治るくらいだから、自己の信念（暗示）が病気を治すというのは、ある程度は本当だろう。

奇妙なのは、火のなかに坐っても信念があれば焼け死なないのかというと、そうはいかないと書いてあることだ。なぜなら、人類のほとんどが火で焼け死ぬと信じているので、信念の総量が膨大だから、あなた一人が正しい信念をもっていてもやはり焼け死んでしまう、というのだ。逆に言えば、大勢を感化してしまえば世界は変わるということである。そうだとすれば、ここには民主的プロセスよりも神学的断言による既成事実化のほうをよしとする権威主義が潜在している。

谷口雅春の場合も、物質に対する精神のリベンジは、宗教的ナショナリズムの高揚と連動していた。戦時中の生長の家は「皇軍必勝」を唱え、戦後は右寄りの政治運動をおこなった。開祖の死とともに活動は縮小したようだが、日本会議、旧統一教会などとともに自民党への影響は大きなものがあったとされる。

＊17 読みやすいように多少表記を変えた。「三千世界」は全宇宙のこと。もとは仏教用語。「一度に開く」を出口王仁三郎は「一同に開く」と読んでいる〔『神霊界』（大正四年四月号）〕。「艮の金神」はもと陰陽道の鬼門の神。本来怖ろしい神を幕末誕生の金光教では天地の祖神・愛の神に読み替えた。出口ナオはこの神を受け継いだのである。

＊18 出口王仁三郎の好戦性については原田実の論考を参照のこと〔原田①と②〕。

＊19 アメリカで一九世紀にはじまった暗示医療系宗教運動ニューソート（New Thought）からの派生教団。

補章　伝統宗教のマジカル思考

伝統宗教もまたマジカルである

本書では、心霊主義や千里眼など「亜宗教」のマジカルな思考を眺めているが、ここで、キリスト教や仏教など伝統的な「宗教」がどんなものかをまとめておきたい。指摘したいのは、伝統的な宗教もまた根底にマジカルな思考をもっているということである。

「マジカルな」とは、非合理的な因果の推理に基づくという意味である。がらがらと天が鳴ると雨が降る。だからがらがらとドラを鳴らすと雨が降るのではないか？　そう考えるのがマジック（呪術、魔術、魔法）で、伝統社会の迷信はこうしたマジックから成り立っている。これが近現代においては次第に手の込んだものになってきて、いわゆる疑似科学というジャンルをつくっている。

伝統的な宗教は、神仏や霊の超越的な権威を土台とすることで、世界観を築き上げた。神仏や霊は高度に思想的な意味で「超越的」あるいは「絶対的」な存在であるとされるが、それだけのものではない。それらはたとえば聖書に書かれているような人間めいた個性をもち、特異なエピソードに満ちたローカルな歴史を司っており、伝えられる事蹟の大半はマジカルなものである。奇跡と神話の世界だ。

聖書の神はもともとはヤハウェという固有名をもった砂漠の山の神で、海を断ち割る奇跡を起こしたり、敵対する民族の殲滅《せんめつ》を命じたり、豚肉や貝やタコを食べるのを禁じたりしている。それは奇跡を演出し、特異な戒律を設けることでイスラエル民族の神となった。このイスラエルの宗教――ユダヤ教――からのちのちキリスト教やイスラム教が派生した。

マジカルで粗野な神のイメージが歴史を通じて次第に洗練されたものとなり、愛や慈悲や平和の神へと成長した。思想や倫理の発展において宗教が果たした役割は大きい。しかし、神を神として崇める意識の根にあるのが、マジックであることには変わりがない。キリスト教徒でも、イスラム教徒でも、民衆の多くはいまでも奇跡への期待ゆえに神を信仰している。さらに言えば、絶対者、全能者としての神の概念そのものがマジックの一形態ではないのかと疑うことが可能である。

東洋宗教の場合も、やはり根にあるのは呪術的思考である。仏教では死後の転生を信じる。悟りをひらいたブッダのみは転生の煩わしさを免れているが、彼には神通力が生じて、他人の転生の歴史をつぶさに透視することができるとされる。儒教は道徳めいているが、本質にあるのは祖先祭祀である。先祖供養の儀式をきっちりおこなうことが基本で、ここには非科学的な血縁信仰がある。道教では養生術や練った薬の服用などを通じて不老長寿が可能になると信じられていた。東洋宗教は、煩悩を断つ覚醒（仏教）や、仁愛のある生き方（儒教）や、無為自然の道（道教）など道徳的な教えをもっているが、それらが発動する舞台装置はマジカルなものに満ち満ちた世界観なのだ。

伝統宗教と亜宗教の比較

そんなわけで、**マジカルな思考やオカルト信仰は「亜宗教」の専売特許ではないのである。奇跡待望的な要素に注目する限りは、本家の宗教も亜宗教もほとんど区別がつかない。**

ただし、伝統的な仏教やキリスト教やイスラム教には、歴史の長さ・古さという、近現代の亜宗教のもたない有利な点がある。時の試練に耐えた老舗の風格があるのだ。伝統的な、いわゆる〝まっとう〟な宗教は、マジカルな側面をコアに残しつつも、民衆の期待する呪術や奇跡信仰をほどよくコントロールする手法を身につけている。

キリスト教では、神は奇跡を起こすと考えられている一方で、そんな奇跡を期待するのは敬虔さというよりも自己中心的な欲望に近いという冷静な見方も優勢だ。少なくともまっとうでリベラルな教団では、神の奇跡を安売りすることはない。

仏教には、たとえば密教における加持祈禱といったものがあるが、しかし加持祈禱の奇跡より大事なのは、心の煩悩の抑制であり、現実を曇らぬ目で眺めることのできる悟りの完成をめざすことだと、しっかり教えてもいる。

こんな感じで、伝統宗教は民衆の奇跡願望にほどよく応えながら、それが究極の問題ではないのだという主張を通じて、マジカルな思考の抑制にも努めているのである。宗教のこのあたりの手腕は、選挙民を誘導する海千山千の政治家の手腕に似ているし、患者の妄想にほどよくつきあう心理カウンセリングにも似ている。

これに対して、亜宗教の場合は、歴史が浅く、体系が不安定で、信奉者たちの熱狂やリーダーたちの思いつきに振り回されやすい。そのため、伝統宗教の場合よりもマジックやオカルトへの免疫力が低いように見える。要するに「ヒヨッコ」なのである。

伝統的な意味で宗教らしい形式を整えた「新宗教教団」の場合も、実態としては常に不安定である。最初の世代の熱狂が冷めて「宗教二世」の時代が来ると、信仰を救済ではなく親に負わされた不条理な負担と感じる者が増えてきた。

もっとも、伝統的な仏教やキリスト教も、今日では信仰のメリットがあまり感じられなくなっており、少なくとも先進国においては、著しく退潮している。

とはいえ、伝統的大宗教は文化の語彙や習俗としていまも文化や社会のなかに影響力をもっている。たとえば仏教的な思考や儒教的な思考は日本人や中国人の行動様式に刻印されており、キリスト教的な思考は欧米人の行動様式のなかに今日でも組み込まれている。

日本人が先輩後輩の秩序を重んじるのは、仏教式の修行の伝統や儒教式の長幼《ちょうよう》や主従の身分秩序の伝統の名残だろう。欧米人が寄付に熱心なのはキリスト教的習慣の影響だろう。

「宗教」は、こうした文化的余韻のようなものまでも含めた概念である。「亜宗教」のあれこれの運動は通常それほどの広がりをもっていない。第7章で見ていくニューエイジは文化の種々相に溶け込みつつあるが、そのモチーフの多くは、もともとキリスト教の福音伝道や仏教やヒンドゥー教の瞑想や転生信仰などに由来するものだ。

来世観について

心霊主義のところで来世（死後の永生）の話が出たので、西洋と日本の来世観を簡単に整理しておこう。

キリスト教徒の来世観も日本人の伝統的来世観もけっこう複雑だ。

キリスト教徒の未来は死後と終末後の二段階がある。まず、死後にキリストに審判され、天国もしくは地獄に行くというふうに言われている。その一方で、黙示録などで詳細に説かれているのは、世界の終末後の審判（最後の審判）とそのあとに来る天国と地獄である。死者は終末までの間どうしているのか、古来さまざまな説がある。

　死後に霊が行く天国と地獄は仮初の姿で、終末において肉体の復活が起きてのち、本当の天国と地獄に行くという考えもあるし、死後は終末の場面にワープするという見方もある。

　中世以降、カトリック教会は、ふつうの人は死後にやや聞きなれない煉獄という特別な空間に行って、生前の罪に見合う悔悛《かいしゅん》の試練を受けると考えるようになった。それによってすっかり浄化された段階で、終末の最後の審判を受けて、たぶんみんな天国に行くのだ。完全な善人は最初から天国に、完全な罪人は最初から地獄に行く可能性もある。ダンテは『神曲』という霊界探訪の叙事詩を「地獄篇」「煉獄篇」「天国篇」の三部作としている。

　この思想には、思わしくない副反応もあった。煉獄での試練を軽減するために、教会から贖宥《しょくゆう》状（免罪符）を買うという風習が生まれたのだ（霊感商法の元祖のようなものだ）。教会はこれにより儲けた金で立派な聖堂などを建てたが、近代初めのマルチン・ルターはこれを堕落と考え、プロテスタント宗教改革をはじめた。今日でもプロテスタント系の諸教派には煉獄がなく、死者は天国組と地獄組にきれいに分けられる。

　一九世紀には、地獄説そのものを教会のマインドコントロールと考えて、教会離れする人が増えた。コナン・ドイルなどの説く心霊主義の説では、死者の霊は地獄などには行かない（第1章参照）。今日のクリスチャンの多くも、自分が死後に地獄に行くという心配はほとんどせず、なんとなく天国に行けるものと信じている。信仰の軟化が進んでいるのだ。

次に日本の場合を見ると、こちらでは宗教が仏教、儒教、神道、民間信仰とそもそも重層的なので、来世観・死生観も非常に多様である。ある者は仏教本来の公式見解である輪廻転生を説く。ある者は輪廻のなかの特別空間である浄土（極楽浄土など）への往生を説く。ある者は古事記に描かれた黄泉の国を死後の世界だと考える。沖縄のニライカナイのような彼方にある楽園としての常世の思想もかつてあったらしい。神道の国学者である平田篤胤風の幽冥界説によれば、現世に重なる異次元界（幽《かく》り世《よ》？ 草葉の陰？）において先祖が子孫を見守っている（じつはこれは心霊主義の死者の霊の世界に似ている）。葬式や追悼行事は仏教式でおこなうことが多いが、いわゆる先祖供養は儒教型であるとも言われている。お盆に先祖が帰ってくるというのは、何教だかわからない民間信仰だ。そもそも仏教の禅者のなかには、無の境地にたてば死後の世界などどうでもよくなると達観する者もいる。国学者の本居宣長も似たような立場であった。

現代のマスコミでは、死者に言及するときは「天国から見守る」などと書く。これは欧米の軟化したキリスト教の天国にも似ているし、日本的な浄土や常世や幽冥界にも似ている。

さらに現代では、死後は自然に還るという説も人気がある。二〇〇六年に秋川雅史が歌ってヒットした「千の風になって」（訳詞作曲：新井満）では、死者が聴き手に対して、私の墓の前で泣かないでくれ、私は墓の中にいない、千の風になって大空を吹き渡っていると語っているが、じつはこの原詩はアメリカ人が書いたもので、第7章で紹介するニューエイジ系のものだ。死者は自然に還る。ただし唯物論ではない。死者は自然全体の霊に合流するという感じだ。これを哲学用語で汎神論（自然そのものを神とする信仰）と呼ぶ。この汎神論の回路を通じて、現代日本人の死生観と現代欧米人の死生観は接近しつつあるのである。

終末意識について

なお、欧米人と日本人の世界観の違いとして、終末意識の有無が非常に大きいかもしれないので、そのことにちょっと触れておく。

日本人の場合、仏教、神道、儒教、いずれにおいても、世界が終末に向かって前に前に進んでいくという感覚はない。むしろ時間の繰り返し、円環的な回帰が強調される。たとえば輪廻説であれば、生命も意識も永遠に循環する。神道の自然信仰では、地震が来ようが津波が来ようが自然はただ自然のままに存続してゆき、人間世界はその自然の一部を構成するにすぎない。日本人がイノベーションに不熱心であるとか保守的であるとかいうのは、この反復的時間感覚によるところが大きいだろう。

欧米人の場合には、キリスト教を信じていようと、教会離れしたニューエイジ信者であろうと、無神論者であろうと、世界は未来に向かって進んでいく、進んでいくべきだという感覚が強固にあるように見える。

もともとキリスト教は終末待望から生まれた宗教であった。キリストの出現そのものが「終末の訪れ」のように解釈されたのだが、開祖の死後はその再臨が待望されるようになった。終末の日にはまことの信者は天国での永生が確証されると信じられるようになった。さらに、キリストが王となる地上のユートピア（千年王国）の出現を期待する者もあった。

正統教会はあまり夢想に走らないことにしているが、しかし時折出現する過激な教派のなかには、キリスト再臨の時を細かく予言したり、千年王国を夢見たりするものも多かった。

一九世紀前半（心霊主義がはじまる直前ころ）にはプロテスタントのミラー派なる一派が、全財産を売り払って終末の日を待つという騒動を起こしている（一八四三年四月二三日、同年末、翌年三月二三日、その年の一〇月二二日のいずれの終末予定日も外れた）。

なお、神の民がコロンブス以前の新大陸にやってきたという歴史観をもつ末日聖徒イエス・キリスト教会（モルモン教）（一八三〇〜）も、ピラミッドの計測値から終末の年を割り出したというところからはじまるエホバの証人（初期形態は一八八一〜）も、アメリカが生んだ終末待望系新宗教である。

宗教を離れても、欧米人の意識には終末論的時間意識が現れやすい。人権問題から地球温暖化まで、共産主義からＡＩの未来まで、欧米人が未来設計に打ち込もうとするのは、キリスト教的終末観とパラレルな思考だと見ることができる。[*20]

第２部で取り上げるファンダメンタリズム、ＵＦＯ信仰、ニューエイジの覚醒運動にも、さらには現代流行中とも言われる陰謀論などにも、いま述べたような終末意識が絡んでいるので、ご留意されたい。

＊20　逆にまた、きわめて保守的なキリスト教徒の感覚では、終末はキリスト任せになるから、地球温暖化にも核戦争にも責任を負おうとしなくなる。このように終末意識は、一見正反対の効果をもっていることも意識しておいていいだろう。

第2部　アメリカ発の覚醒ブーム　20→21世紀

二〇世紀は「アメリカの世紀」とも呼ばれるが、「亜宗教」もアメリカに発するものに威力がある。背景にある社会的対立もシリアスなものになっていくが、タイムマシンに乗ったつもりでツアーをお楽しみいただきたい。

第5章　ファンダメンタリストとモンキー裁判

ダーウィニズムの出現と進化主義の時代

チャールズ・ダーウィンが一八五九年に世に問うた名高い『種の起源』は、西洋の文化や宗教や社会の営みに大きなインパクトを与えた。それまで人々は神が天地と全生物を六日間でつくったという「創世記」の建前に正面切って逆らわずにいたのだが、自然淘汰による生物種の漸進的進化のビジョンには説得力があり、知的エリートはこれを受け入れるようになった。聖書を相対化して読むことを覚えた主流派の聖職者たちも、進化は現実のプロセス、天地創造は倫理的次元における象徴表現、と理解するところで手を打った。

ダーウィンの自然淘汰説は生物学的進化論の代表だが、じつのところ一九世紀から二〇世紀前半にかけての時代、より茫漠《ぼうばく》とした、生物を超えて社会制度から精神文化までのいっさいが競争を通じて進歩に向かっているといった進化論、いわゆる「社会進化論」[*21]が世に広く受け入れられていたのだった。なにせ、資本主義が爆発的に発展し、列強の帝国主義的支配が当然とされていた時代である。「進化」というのは社会改良や立身出世と同じくらい受け入れやすい概念だったのだ。心霊主義者や神智学の信奉者もまた、死後の霊魂の進化などを夢想するようになった。[*22]

とはいえ、狭義のであれ、広義のであれ、進化主義の蔓延に抵抗する向きもあった。とくにアメリカでは、二〇世紀になって生物学的進化論への敵意が目立つようになる。東海岸と西海岸の都会人、大学出のエリート、マスコミがダーウィン進化論をふつうに受容していたのに対して、南部を中心とする田舎の人々は、部外者がもたらすこの新奇な思いつきなんぞには騙されるまい、俺たちには正統なる信仰を守り続ける自由および義務がある、と意固地になって主張するようになったのだ。

＊21　ダーウィンに先立つハーバート・スペンサー（一八二〇〜一九〇三）の進化思想は、精神や文化の世界に進化の概念を持ち込み、適者生存によって社会はよくなっていくとし、優勝劣敗思想を世に広めた。

＊22　進化によって動物と人間がつながってしまうのは、人間の霊を特別視していた心霊主義にとって不都合と見る向きもあった。しかし、進化論をそのまま受け入れて、進化の過程で人間はテレパシー能力を失ったとか、死者の霊は転生を繰り返して進化するなどとも言われるようになった。輪廻的な進化についてはインド思想や神智学の影響もある。

二一世紀に盛んに問題にされるようになった米国社会の思想的分断のハシリである。背景にあるのは、南北戦争の怨念であった。北部工業地帯が勝ち、工業地域には不要であった黒人奴隷を解放したこの戦いも、南部の白人支配者にしてみれば、部外者による文化侵略に他ならない。戦争に負けた彼らが向かった高貴なる幻想が、偏狭なプロテスタント信仰であった。敗北や挫折がカルト的信仰を増殖させるというのは、歴史のなかでよく見られることである。

北部や東海岸・西海岸の都会人たちのほうでも、自分たちの産業中心のライフスタイルが進化の頂点にあるばかりか、天地の審判者の嘉《よみ》されるところであると思っていたのだから、それはそれで自己満足的な信念だったと言えるだろう。

そうしたなかで、神の教えと進化論が法廷論争においてガチでぶつかり合い、その様子が登場してまもないラジオで全国放送されるという前代未聞の出来事が起こった。一九二五年のことだ。

裁判が開かれたのは、アメリカ南東部の保守的なテネシー州の小都市デイトン。一人の青年教師が学校で進化論を教え、進化論教育を禁ずる州法にひっかかって起訴されたのだが、検察側と弁護側に全国的な有名人が立ったので、アメリカ中が注目したのであった。

本章では、まずこの名高き「モンキー裁判」の様子をくわしく眺めていこうと思う。

「創世記」VS『種の起源』

一九二〇年代、ミシシッピ州やアーカンソー州といった保守的な州では、進化論教育を阻止する州法がつくられた。テネシー州もまた、聖書の創造物語を否定し、人間を下級の動物の子孫とするいかなる理論も教えることを禁じる州法を制定した。

この動きを受けて、自由思想と科学の擁護者であるアメリカ自由人権協会（ACLU）が一つのイベントを企画する。あえて州法に逆らって進化論を教える教師を募り、裁判を起こし、全国規模の啓蒙に役立てようという企画だ。

これに目をつけたのが、テネシー州の小都市デイトンの一部の実業家や弁護士たちであった。進化論の支持者と反対者との法廷論争をこの町から発信すれば、かっこうの町興しになると踏んだのだ。彼らは大学を出たばかりの理科教師、ジョン・スコープス（一九〇〇～七〇）に話を持ち掛け、授業で進化論を取り上げさせた。

というわけで、この名高い進化論裁判は、一人の進歩的な青年が無知なる民衆に吊るし上げられたヒロイックな犠牲のドラマというよりは、組織的な後ろ盾があるなかで最初からイベントとして企画された、そういう意味でビジネスライクでもあれば政治的でもあるような出来事だったのである。

さて、一九二五年七月一〇日、デイトンの郡裁判所において一〇日間続くスコープスの審理がはじまった。

進化論擁護派であるACLUの弁護団は、著名な人権派弁護士であり神に関しては不可知論（神が存在するか否かは知り得ないとする立場）を公言していたクラレンス・ダロー（一八五七～一九三八）を仲間に加えた。

反進化論側すなわち検察側は、これまた全国的な著名人であるウィリアム・ジェニングス・ブライアン（一八六〇～一九二五）を招聘する。彼は民主党の大統領候補に三度も指名されたことがある政治家であり、進化論断固反対の立場で民衆の人気を呼んでいたのである（ここで、どうして民主党なの？　という声が上がるかもしれない。というのは、現代であれば、福音派と結びついた共和党の側が、反進化論側ということになるからだ。「常に二つの政党が対峙しているが、主義主張のほうは時代とともに入れ替わる」というのがアメリカ二大政党制というゲームの特徴なのである）。

ともあれ、民主党のブライアンは民衆の味方であり、女性参政権を推進し、帝国主義に反対する自由の闘士であった。そして同時に民衆の真理である聖書を原理主義的に信奉するファンダメンタリスト（聖書の「根本信条《ファンダメンタルズ》」に忠実である者）でもあった。

デイトンの郡裁判所には、全国から新聞記者が集まった。裁判所の中にはラジオの中継機材が持ち込まれた。当時はラジオの全国中継が可能になったばかりのころだ。スコープス裁判は全国的なお祭りとなった。

5-1　デイトン市内に設置された反進化論連盟のブースでは、ブライアンの本や『地獄と高校』などという本が売られた

外部から来たマスコミは基本的にリベラルであり科学派であったから、最初からこの裁判を揶揄するトーンで扱っていた。ド田舎モンがいまどき聖書の御伽噺で駄々をこねてらあ、という感じだ。この裁判に与えられた「モンキー裁判」という異名には、そういう揶揄が込められていた。

一方、デイトンの通りには保守的な聖職者があふれ出て、反進化論を流布する好機を逃すまいと頑張っていた。反進化論書籍を売るブースも出現した。土産物屋はぬいぐるみのサルを売り、チンパンジーにスーツを着せて、これぞまさしく進化の生き証人とおもしろおかしく囃し立てた。ある意味、町はカーニバル状態となったのだった。

裁判の中核部分はさして興味深いものではなかった。というのは、教師スコープスが州法に違反したことは自明だったからだ。事実関係は争われず、陪審はストレートに有罪を決め、裁判官は罰金一〇〇ドルを申し渡し、それで終わりである。弁護側のもくろみとしては、この裁判で負けたうえで、このあとに来るはずの州や連邦レベルの裁判で、反進化論的な州法自体の合憲性を争うことにあった。

しかし、聖書の読解をめぐる両者の応酬は非常に興味深いものとなった。街の内外で人々が注目したのはそっちのほうである。後世、スコープス裁判をめぐる映画が製作されたが（スタンリー・クレイマー監督『風の遺産』、一九六〇）、法廷ドラマとして見ごたえのあるおもしろい作品となっている。[*23]

ダローVS ブライアン

ダローとブライアンは一週間にわたり、裁判所の中で、また街の中で相互に批判やからかいの応酬を繰り広げた。

そして最終日がやってきた。この日のテーマは進化論ではなく、他ならぬ聖書である。聖書主義者のブライアンはこれこそが大事だと考えている。進化論者のダローはそうしたブライアンの認識そのものにひびを入れようと構える。

その様子を見てみよう。

ブライアンは、私は正義のためなら殉教だって厭わない！　と大見得を切る（以下の発言記録はわかりやすいように嚙み砕いて訳してある［Larson］）。

ダロー「あなたは聖書のなかのどの句も字義通り読むべきだと主張するのですか？」

ブライアン「聖書にあるものはすべて、そこにあるそのままの形で受け入れるべきだと、私は信じている。聖書の実例を挙げると――」

ダロー「大魚がヨナを吞み込んだという箇所はどうですか？　あなたは字義通り読むとおっしゃいますが、しかしどういうふうに読むのですか？」

ブライアン「私が信じている神は、大魚もつくれるし、人間もつくれる。大魚も人間も好きなようにつくることができる……」

ダロー「つまり、神はヨナを丸のみできるほど大きな魚をつくったのだと信じるわけですね？」

＊23　映画『風の遺産』は史実に忠実というわけではないが、論争の雰囲気がよく伝わってくる。もとは一九五五年の舞台作品で、一九九九年には『風の行方』としてリメイクされている。なお「風の遺産」とは旧約聖書「箴言」の言葉で、遺産ゼロを意味する。家族が喧嘩すると家の将来が危うくなり、相続財産も消失する。ファンダメンタリズムの闘争が分断によってアメリカという家を崩壊させるという意味である。

ブライアン「その通りだ。よろしいかね、奇跡を一個信じるなら、他のどの奇跡だって簡単に信じられるのだ」

ダロー「うーん、私にはどの奇跡だって信じがたいのですがね」

ブライアン「君には難しいだろうが、私には容易だ。……人間のできることの領分を超えたところに奇跡がある。聖書のなかのどんな奇跡を信じるのも、ヨナの奇跡を信じるのも、同じくらい簡単なことである」

ヨナは旧約聖書に含まれる「ヨナ書」の主人公である。彼は船で遭難して、大魚に呑み込まれる。腹の中で神に祈ると、三日三晩たってから吐き出され、陸地に着いた。ダローがこの挿話を持ちだしたのは、昔から誰でもこの箇所を、にわかには信じがたい話として読んできたからだ。

ブライアンの聖書信仰にひびを入れようとしている不可知論者ダローが、議論のしょっぱなに御伽噺めいたヨナの逸話を持ち出したことには、意味があるだろう。本来なら、ブライアンとしては、もっと神学的に重要な大いなる奇跡について一席ぶちたいはずである。民衆の味方ブライアンは、いつも遊説先で、神の大いなる奇跡を強調していた。それは人類が神の似姿において特別につくられたという創造の大奇跡であり、また、キリストが死んで復活したがゆえにわれわれがいかなる苦境を迎えたとしても最終的な永生を期待できるという贖罪の大奇跡である。

そういう話こそが福音伝道の真骨頂であるはずなのだが、しかし、ブライアンは聖書絶対主義者であるがゆえに、相手からもっとマイナーな、御伽噺めいた奇跡の話を持ち出されても、一〇〇パーセント信じていると応じることになる。ところが、そこを最初に持ってこられると、少なくともラジオで聞いている都会の知的な聴衆は、馬鹿げた議論がはじまったと感じることだろう。ブライアンが勝ち誇ったような調子で、奇跡を信じる者はすべての奇跡が信じられると主張してみせても、「この親爺、二流の奇術や霊感商品なんかも信じてるって言いそうだな」という印象が強くなるばかりだった。

神が止めたのは太陽か？ 地球か？

次にダローが持ちだしたのは、旧約「ヨシュア記」一〇章の有名な挿話だ。これもやはりふつうの人間には信じられないような奇跡をめぐるものである。

イスラエルの指導者ヨシュアは、戦闘を有利にするために、太陽に命じて運行を一時的にストップさせ、一日の長さを伸ばした。ヨシュアは古い歌の太陽と月がとどまったという文句を唱えたのだが、おかげで太陽はまる一日中天にとどまったままになり、イスラエル民族は神の加護のもとに奮戦することができた。

さて、ブライアン、この箇所についてのあなたの解釈は？　とダローは尋ねる。

おもしろいことにブライアンはここで、「神が止めたのは太陽じゃなくて地球のほうかもしれない」と言ってしまう。ファンダメンタリストといえども、コペルニクスやガリレオ以前の天動説にまで時代を逆行させるべきだとは考えていなかったのだ。

しかしここはツッコミどころとなる。聖書に書いてあるのは、あくまで「太陽がとどまった」である。しかるにこれを「地球がとどまった」と読み替えてかまわないのであると。それはしかし、字義通りの読解と言えるのだろうか？

ダローは「創世記」の六日間の天地創造についても尋ねる。「創世記」の描く神は、一日ごとに少しずつ世界を形づくる。語り手は「夕べとなり、朝となった。第一の日である」というふうに毎日の区切りを宣言する。しかしこの「一日」の長さはどのくらいなのだろうか？

ダロー「こうした区分けそれぞれの時間的長さについて、ご意見がありますか？」

ブライアン「いや、何も意見はない」

ダロー「太陽は四日目につくられている。それでいいですね？」

ブライアン「よろしい」

ダロー「そして、太陽もないのに、夕べとなり、朝となったのであると」
ブライアン「それは日というより、ある長さの期間なのだよ」
ダロー「では、四番目の〝期間〟が訪れるまでの間は、太陽もないのに、夕べとなり、朝となったのであると。これでいいですね？」
ブライアン「私は書かれているとおりに天地創造を信じる。それについての説明が私にはできなかったとしても、聖書を私は受け入れる」

ここで明らかになったのは、ブライアンが聖書のこの箇所の「一日」を字義通りに読んでいないということだ。「夕べとなり、朝となった」というのだから、いかにもこの「一日」はふつうの「一日」のように思えるのだが、四日目まで太陽はなかったのだから、少なくともそれは、われわれの知らないところの「一日」なのであり、したがって期間の長さはわからないというのである。

しかし、こうなってくると、字義通りの読解と言えるのかどうかますます怪しくなってくる。また、天地創造の六日間がわれわれの知っている六日間の長さではなく、ひょっとしたら何万年であるかもしれないし、何億年であるかもしれないという可能性もでてきたとなれば、その「六日間」の間に進化が起きたという可能性も考慮しなければならなくなる。

ブライアンにそんなつもりはなかったとしても、ダローら弁護団はここでいくらでも異議をねじ込むことができる。「みなさん、いま私たちが耳にしたとおり、ブライアン氏は聖書を解釈して読んでいるのです。したがって氏は、他の者が解釈を加える自由を潜在的に認めたことになるのです」と。見守るファンダメンタリストの聴衆たちは、思いもよらぬ展開に唖然とするしかなかった。

オー・マイ・ゴッド！　ブライアン先生が一本取られた！

ジーザス！　聖書の擁護に失敗した!?

ダローは調子を上げ、ブライアンは次第に言葉に詰まるようになった。ダローが「創世記」にあるアダムとエバの息子カインが妻を見つけたという話を持ち出すと（アダムとエバは最初の人類だから、一家以外に人間はいないはずだ！）、ブライアンは「カインの嫁探しは、あんたら不可知論者に任せておくさ！」と捨て台詞で応じるしかなかった。

議論が長引くほどに、聖書の直解主義者には安定した読解の方策がないことがバレてしまったのだった。

追い詰められたブライアンは呻く。「私はこの男、アメリカ一の無神論者、不可知論者に対し、神の言葉を守ろうとしているだけである！　……この男が狙っているのは、聖書を中傷することだ。しかし私はこんな男の問いにも、こうやって答えてやっている！」

ダローは抗議する。「異議あり！　私はただ知性あるクリスチャンなら信じないような、あんたの馬鹿げた主張について検証しているだけなんだ！」……こうなればもう喧嘩だ。両者はボクシングのように拳を構えてにらみ合う……。

翌日、わずかな審議がおこなわれたのち、陪審団はスコープス有罪の評決を下した。判事は罰金一〇〇ドルを申し渡した。弁護団としては判決や罰金がどうであろうとも構わない。新聞とラジオがファンダメンタリストの無知と無能を全国に広めてくれたのだから、ひとまずこれで目的は達成されたのだった。

聖書の擁護で思いもかけぬ敗北を喫したブライアンは、結審の数日後、デイトン市内で急死する。逗留中の家で午睡をとったのだが、心労がたたったせいか、二度と目覚めなかった。千鶴子や郁子の場合にも似て、なんともドラマチックな終結であった。

なぜ進化論を目の敵とするのか？

保守的な宗教信者が進化論を目の敵にした第一の理由は、もちろんそれが聖書の記述と一致しないからである。彼らは他にも、ビッグバン宇宙論や地質学や考古学にも反対している。

一七世紀、アイルランドのジェイムズ・アッシャーという暇な神学者が、聖書に書いてある事件の推定年代を足し合わせて、世界は紀元前四〇〇四年一〇月二二日にはじまったと結論を出した。そして、アメリカはカンザス州のサイラス・スコフィールドなる人物が堕落生活をあらためて伝道者となった仕上げに、標準的聖書である欽定訳聖書に独自の注釈を付した聖書を出版したのが一九〇九年のこと。この聖書のなかに、アッシャーの紀元前四〇〇四年一〇月二二日天地創造説をしっかり注記した。この聖書がヒットしたおかげで、ファンダメンタリストは今日に至るまで、宇宙の年齢はおよそ六〇〇〇年だと言い張っている。

そんな彼らにとって、宇宙の年齢を一〇〇億年以上に見積もるビッグバン宇宙論なんてのは、もちろん論外なのである。

同様にして、ノアの洪水の証拠も見つけられないような地質学や考古学などというのも、できそこないの科学だということになる。地層の中から見つかる太古の化石の年代測定も、ぜんぶ大間違いなのである。何千万年、何億年の昔なんていう時代があったわけがないのだ。ちなみに彼らの解釈によれば、これは科学者のミスというより、深慮に長ける神様が人間の浅知恵を出し抜いたということのようである。つまり、×千万年前や×億年前の地層から骨や化石が出てきたと科学者たちが勘違いするように、神様は六〇〇〇年前の天地創造の際に、地下の複雑な構造を一挙につくってしまわれたのであると言うのだ。

ファンダメンタリストが進化論に反対する第二の理由として、二〇世紀前半の社会に蔓延していた弱肉強食的イデオロギーへの反発という要素があるのは確かである。ダーウィンの適者生存・自然淘汰説が生物の多様性の説明として自然科学界に受け入れられるようになった時代は、帝国主義や資本主義の競争が次第に激しくなっていった時代でもあった。

論理的にはダーウィン式自然淘汰と社会における弱肉強食とは異質な話なのだが、人々の頭の中では、「自然界は適者生存によって進化した」→「強者が適応して弱者が敗退した」→「強い企業が独占し、強い人種が世界を支配するのは、自然の摂理だ」というふうに思い描きやすい。かくしてとんでもない格差社会も、植民地支配も、ナチスドイツのアーリア人種主義も正当化されることになってしまった。

こういうことがあるからこそ、ファンダメンタリストは「進化」という言葉にアレルギーを起こし、スコープス裁判のウィリアム・ジェニングス・ブライアンが、アメリカの理想主義の敵として進化論に喰ってかかったというわけだ。

進化論の誤読

ここでもう一度確かめておこう。ダーウィン以降の生物学における適者生存というのは、われわれが素朴に考える弱肉強食とは異なるものだ。

シロウト考えでは、いかにも能力抜群の強者あるいは優者というものがあって、それが適者として生存競争にどんどん勝っていくということになる。しかし、生物の歴史において現実に起きてきたのは、絶えざる環境の変化であり、そうした変化によって、以前の時代に繁栄していた強者が新たな時代に敗退してしまうということである。極端な例として、隕石落下による地球環境の激変によってあっさり滅んだ恐竜のケースが挙げられる。恐竜は滅びる前は地球最大の強者であった。

たとえどんな変動が起きようと、結果的に新たな環境のなかで生存できてしまった者が、「適者生存」でいうところの「適者」なのである。適者を適者と呼ぶのはあくまで結果論であり、われわれが期待するような強者や優者ではないのだ。

ダーウィン進化論でいう適者生存というのを的確に理解するのはけっこう難しいと言われている。どうしても「強者が勝つ」と言っているように聞こえる。だから、今日に至るまで、私たちはマスコミやネットのビジネス啓蒙プログラムにおいて、「時代の進化に遅れるな!」「適者生存の熾烈なゲームに勝ち残れ!」「うかうかしていると淘汰される!」と、進化論的な表現を用いながら競争社会を正当化しつづけているという次第である。

ここにある皮肉は、進化論を誤解しているのはファンダメンタリストだけじゃなく、われわれ一般社会の人間もだということだ。[*24]

さらにもう一つ皮肉なのは、ファンダメンタリストが生物世界の複雑さを神の意図の結果として理解したがることと、一般の人々がビジネス競争社会の勝ち負けを当人の努力の結果として考えたがるのとが、発想法的に似ているということである。つまりどちらも、世界は意図や目的や計画や努力といったものによって支えられているのである。意図や目的や計画や努力はもちろん大切だが、それが世界の秩序を守っていると考えるのは、非現実的だ。

そのように考えていくと、私たちはファンダメンタリストという存在を決して馬鹿にできないということがわかるだろう。彼らの反進化論が偏狭で非科学的であることは間違いないのだが、心情的には、じつは私たちの多くも彼らとそう遠くないところにいるということは、覚えておいてよいことである。

というわけで、保守的な宗教信者が進化論を目の敵にする第三の理由として、彼らが世界の根底にある「意図」というものを信じたがっているということが挙げられることになる。人間は意図をもって生きている。だから世界そのもの、宇宙そのものにも意図があれば安心できる。それはファンダメンタリストならずとも心情的に理解できることだ。ビジネスの世界

＊24　進化論理解の根本的な難しさについては吉川浩満が巧みに論じている［吉川］。それによれば、進化論の通俗的理解、生物学におけるドーキンスとグールドの論争、自然科学に対する人文・社会科学の立ち位置などが、重層的にからみあった問題をなしている。

で成功したいと熱望している一般社会の人々も、その意図が必ずや報われる世界の秩序というものを信じたいと願っている。

これに対して、自然界の進化は本質的に人間の思いとは無関係のレベルで進行していくドライで冷酷なものだ。だからファンダメンタリストは進化論を嫌い、一般ビジネスマンは進化論を曲解したがるのである。

感情的に見合うものを求める

二〇世紀初めの知識人たちは、ファンダメンタリストなどの反知性主義はやがて消えていくだろうと鷹揚に構えていた。ところが、ファンダメンタリストは二〇世紀後半においてますます勢力を伸ばすようになっている。アメリカ競争社会が根っこのところで不合理性をもち、憤懣を蓄積しているためである。

ここには、アメリカが民主社会であり、妄想の自由があり、ポピュリズム的扇動に乗りやすいということも関係している。政治家が選挙の票固めのために、どちらかというと狂信的団結力のある教団のほうとこそ手を結びたがるということもある。

ベトナム反戦運動や反体制運動が沸き起こった六〇～七〇年代には、第7～8章で見ていくように、非キリスト教系の禅、ヨーガ、瞑想、輪廻、タオといったものがドラッグやロック音楽などと混ぜ合わさって流行した。これがまた保守的クリスチャンの臍《へそ》を曲げさせたという要素もあるようだ。

この時期、強烈な回心体験と福音伝道への熱意をもつ「福音派（エヴァンジェリカル）」と呼ばれる超教派的な運動が広がり、アメリカ各地にメガチャーチといって、アリーナのような巨大教会を建てまわった。スター性のある牧師が「テレビ伝道師（テレヴァンジェリスト）」として奥様たちの心を奪うようになったのもこのころだ。彼らはステージ上で病気治しを演じてみせたり、フェミニズムもロックも中絶も同性愛もみんな地獄への道だと説いたりした。

反進化論闘争をめぐっては、新たな展開もあった。モンキー裁判時代のファンダメンタリストは、「科学よりも聖書を採る！」とだけ言っていればよかったのだが、二〇世紀後半において科学を無視することはさすがにできないので、むしろ「神の創造のセオリーのほうこそが進化論などよりも科学的だ」と言い立てるようになった。

彼らはまた、反進化論闘争に関する限り、神とは呼ばず「知的設計者（インテリジェント・デザイナー）」と呼ぶようになった。つまり争点が、自然的（偶然的）プロセスで生物の形ができたのか（進化論）、意図ないし設計の介入が生物の形を定めたのか（知的設計論、実質的には神の創造論）、に絞られていったのだ。

ファンダメンタリストはパンフレットを大量に印刷して、自然的なプロセスだけで出来上がったとはとても思えないような精妙な生物器官の例をいくつも持ち出し、「進化論では説明できない、知的設計があったにちがいない」と読者をまるめこもうとする。これを読んだ人は、パンフレットを書いたのが十分科学にくわしい人たちなのだと思い、その内容に完全には説得されなかったとしても「進化論か設計論かの妥当性は五分五分なんだな」という印象をもつようになるだろう。

そこまでもっていければ、ファンダメンタリストの作戦は成功したも同然である。

そして、彼らは進化論も知的設計論も可能性が五分五分であるならば、学校の理科の授業では両論並記の形で教えなければフェアでない、というふうに話をもっていく。[*25]

問題は、彼らが本気で科学説の進展のために努力を払おうとはしていないことだ。というのは、進化論の説明に対して彼らが持ち出してくる代案は「知的設計者が介入した」つまり「神がやった」の一点張りであって、具体的なプロセスの説明がまったくないのである。

しかし「神がやった」という説明は説明になっていない。「神がやった」が許されるなら、どんな説明も不要になる。別の言い方をすれば、ちょうど「神のみぞ知る」が「私は知らない」を意味するように、「神がやった」は「私はどうしてそうなったのか知らない」と告白しているのに等しいのだ。

そんなわけで、ファンダメンタリストのせっかくの戦術も、科学者、裁判官、教育者を説得することには失敗した。

ただし、一般民衆に対しては、彼らはある程度成功した。先ほども言ったように「進化論の説明を混ぜっ返すことで、進化論も反進化論も妥当性としてはせいぜい半々だ」という印象を流布することができたからだ。

ついでに言うと、このような印象操作は、二一世紀には、ネット上にフェイクニュースなどを流す人々の常套手段として活用されるようになった。たとえ嘘でも形だけ整えておけば、真実と互角で肩を並べられるような印象を世に広めることができるということを、人々は学んだのだ。

二一世紀には、ファンダメンタリストないし福音派はますます陰謀論に近いメンタリティを示すようになり、地球温暖化はフェイクである、民主党の政略であるなどと真顔で主張するよ

＊25　二〇〇五年にカンザス州で公教育において知的設計論も教えなければならないことになりそうになったとき、ボビー・ヘンダーソンという人物が、この動きを牽制するために、第三の選択肢として「空飛ぶスパゲッティ・モンスター」（神様の名前）による創造説も公平のため教えるべきであるという論陣を張り、ファンダメンタリストを敗退させた「ヘンダーソン」。「空飛ぶスパゲッティ・モンスター教」はパロディとしての宗教だが、これもまた亜宗教的な人気を獲得することになった。

うになっている。

ハリケーンはボーイング747を組みあげられるか？

ファンダメンタリストの問題が、弱肉強食型の通俗的進化論を信じている一般の人々にとって注意喚起となるものであることを先ほど述べた。同様にまた、リベラルな信仰を含めた宗教一般の信者に対する注意喚起ともなることを、最後に述べておこう。

ファンダメンタリストならずとも、人々は自然界の仕組みの精緻さ、とくに生物の身体組織や行動の霊妙さにカミワザのようなものを感じる傾向がある。あれこれ目にする霊妙なる自然物や生命体が、文字通り自然に、つまり何の意図もなしにという意味で「偶然に」出来上がったものだとは信じられない、という感情である。

さて、この「偶然じゃありえない」という一般の人々の感覚をファンダメンタリストは巧みに誘導して、自分たちの反進化論に引っ張っていこうとしている、と進化生物学者リチャード・ドーキンスは指摘する。そうした誘導の典型例が、ファンダメンタリスト界隈のみならず、第7章で取り上げるニューエイジ界隈でも目にするボーイング747の比喩だ。

ガラクタ置き場をハリケーンが襲うとする。ばらばらの金属片や機械部品が嵐に巻き上げられて首尾よくボーイング747として組みあがるなんてことがあると考えられるだろうか？

と、比喩の語り手は言う。

当然、考えられない。それと同じように、複雑極まりない生物の体が偶然によって組み上がったものだとは到底考えられないではないか？　――彼らが言いたいことは、進化論は神の働きを認めない「偶然」説に属するものであるから、したがって進化論がナンセンスであるのは明らかだ、ということだ。ボーイングが設計者なしには誕生しえないことがわかる人間であれば、生物が神あるいは知的設計者なしには誕生しえないことが理解できるだろう……！

さて、ドーキンスによれば、ボーイング７４７の比喩は故意にミスリーディングを狙ったものである。この比喩を聞かされた人は、生物の複雑さについて考察するにあたっては「偶然」か「設計」かという二択しかないと思ってしまう。しかしダーウィン式自然淘汰は、こんな極端な偶然を持ち出すのでもなく、好都合な設計者を呼び出すのでもなく、第三の中道の答えとして提出されたものだ。

原初の単純な生命体が少しずつ新たな構造を獲得してゆき、そのたびごとに自らの機能を複雑化していく。途方もない年月をかけたこの微細な改変のプロセスによって、現在の高度な生命構造が生まれた。「ダーウィン主義を深く理解することで私たちは、設計が偶然の唯一の代案であるという安易な決めつけに走ることなく、ゆっくりと複雑さを増大させていくような漸進的な斜路《ランプ》を探すことを学ぶ」（一七一ページ）［ドーキンス②］

ファンダメンタリストのイメージでは、進化論とは非現実的な「偶然」にありつこうとするムシのいいもので、それゆえ「ただ飯喰らい」などとも評されるのだが、ドーキンスに言わせれば、「ただ飯を食べようとしているのは神なのだ」（一七〇～一七一ページ）。

つまり、「神」という概念を念じただけで、生物の複雑な構造の一切合切を生み出す複雑なプロセスが全部説明されたことになってしまうようなロジックは、ボーイング747を生み出す「偶然」の魔法の嵐と同じくらいムシのいいロジックなのであると。

クレーンとスカイフック

ドーキンスのいう「漸進的な斜路《ランプ》」というのは、彼が盟友の哲学者ダニエル・デネットとともによく引き合いに出す、クレーンとスカイフックの比喩と関係がある。

高等生物の複雑度・完成度の高みを山で表現するとする。この山までどうやって上るか？

進化論は長い長い坂をゆっくり上っていくことを選ぶ。原初の下等生物から哺乳類や鳥類までの進化は勾配は緩いがとんでもなく長い坂道であった。これはまた科学の論証というのが長い長い地道なプロセスだということでもある。この地道なプロセスは、無数に並べたクレーンの持ち送りにより資材を高いところまで引き上げていくイメージでも思い描ける。

これと対照的なのが、魔法のようなハリケーン（偶然）や全知全能の神（設計）を持ち出すファ

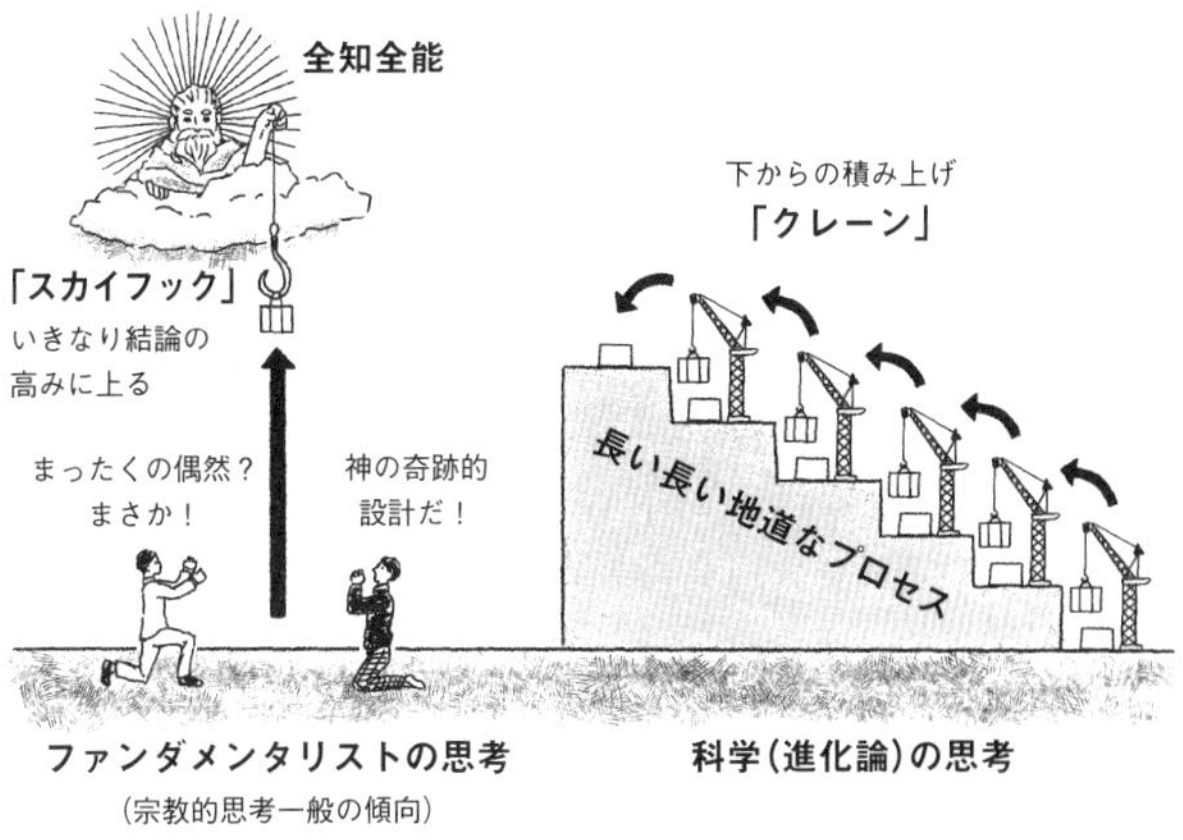

5-2　クレーンとスカイフック

ンダメンタリストのビジョンだ。そこにあるのはただ一つの魔法のクレーン、天界から吊り下がったフック《スカイフック》だけで、これ一つで奇跡のように一挙に高みまで上ってしまうのだ。

じつのところ、論じ手がファンダメンタリストであろうとなかろうと、とにかく「神」という言葉を語り出すときには、そこには「奇跡」にも似た形で途中のプロセスをすっ飛ばして説明してしまいたいという、大衆一般の呪術的な願望が現れていると疑うことができるのである。

実際、ドーキンスやデネットは、聖書を字義どおり信じることを提唱する原理主義のみならず、ふつうのリベラルな宗教信者の神信仰も含めたあらゆる宗教を、一種の呪術的信念として科学に対峙させ、科学と宗教の相容れないこと、もっと言えば、宗教の説明がすべて「妄想」であることを主張する。

このドーキンス式の科学的無神論は、二一世紀になってとくに欧米のZ世代の間で急速に広がりつつある。じつは「亜宗教」の流行と並んで、それとは真逆の「無神論」の拡大も、いまの時代の特徴的な動きなのだ。これについては終章で取り上げる。

なお、生物組織のような複雑怪奇なものが、単純な原子や分子や有機体からの積み上げだけで生まれたとは考えにくい（なにかすばらしいものは、それ以上になにかすばらしい存在が生み出したものだろう）とどうしても感じてしまう人には——デネットによれば——数学者ジョン・コンウェイの「ライフゲーム Game of Life」の事例が再考のきっかけとなるかもしれない。それは電光掲示板の光の点のようなものが次々と見事な図柄を生み出していく——まるで生き物のように見える——という数学的図形ゲームであるが、出発点にあるのは点の動作に関する非常に単純な数個の規則のみだ（「ライフゲーム」がどのような動きをするものかは、ぜひネットで検索して調べていただきたい）。

ここから得られる教訓は、**驚くべき精妙さは、単純なシステムからでも生み出される**ということだ。つまり、見事な生物界を生み出すのに全知全能の神は不要なのである。さらに言えば、日々の暮らしにおいて神霊の導きを感じてしまった人は、神霊という上位者（設計者）の存在を想定する意味はないのではないかと再考することが促されているのである。

コラム⑤　ファンダメンタリストとペンテコステ運動

一九一〇年、石油産業で財をなした実業家であり、敬虔なるプロテスタント長老派信者であるスチュワート兄弟が、近年著しい教会の「堕落」に腹をたて、全英語圏のプロテスタントの牧師や神学者や編集者らに向けて「ファンダメンタルズ（根本信条）――真理への証言」という小冊子シリーズを数百万部も無料送付するという事業に乗り出した。執筆者は同時代の英米各地の保守的神学者たちであった。

彼らはキリスト教にはぜひとも信じなければならない根本信条があると考えた。すなわち、神が昔一挙に天地と人類を含む全生物を創造したこと、神が奇跡を起こせること、キリストが処女から生まれ、十字架上に死んで文字通り復活したこと、キリストは人類のために贖罪したこと、キリストがやがて再臨して最後の審判を文字通り執行すること、などだ。

これらはいずれも、過去二〇〇〇年にわたってすべてのキリスト教徒が信じていたはずのことである。しかし、すでに述べたとおり、一九世紀後半からは知的な信者にはもはや文字通りには信じられなくなっていたのだった。リベラルな神学者も信者も、キリスト信仰のこうした建前を象徴的に受け取るようになった。

そしてそれを絶対に阻止したいと願う者たちもまた多かったのである。

当時、タバコ会社が無料でタバコを配って喫煙者の拡大を図っていたのだが、実業家であるスチュワート兄弟はここからヒントを得て、無料で冊子を配り、人々を引き付けようとしたのだ。

やがて「ファンダメンタルズ」に書かれているようなことを信じる保守的信者は、「ファンダメンタリスト」と呼ばれるようになった（どんな宗教にも教典や教理を字義通りに信奉したいという人々がいるものだが、のちのちそうした人々をすべてファンダメンタリストと呼ぶようになった。二〇世紀後半にイスラム主義ないし過激イスラム主義が登場してからは、「イスラム原理主義」などという言い方も広まった。ちなみに日本語では、プロテスタントのファンダメンタリストに対しては「根本主義者」と訳すのがふつうだ。何であれ融通の利かない宗教信者は「原理主義者」と呼ばれることが多い）。

本文に書いたように、一九二五年にテネシー州デイトンでスコープス裁判（モンキー裁判）が開かれ、その際に新聞やラジオを通じて、ファンダメンタリストなる者たちの存在が広く知られるようになった。彼らはマスコミの嘲笑の対象であった。都会や大学の知識人たちは、裁判の動向に興味津々ではあったが、時代遅れのファンダメンタリズムなど、やがて淘汰され消えていくものだと考えていた。

しかし、すでに述べたように、根っこには南北戦争以来の怨恨があり、また、大学出のエリートが民衆に理解できない議論をすることへの、あるいは、科学の恩恵を受けた産業資本家たちが社会にのさばっていることへの憤懣《ふんまん》もたまっていたわけだから、「科学の進歩とともに迷妄は打ち払われる」と断言できるほど単純なものではなかったのだ。

さて、都会のエリートたちが学問や会社経営の成功のためなら禁欲的に勤勉に努めることにためらいがなかったように、田舎の素朴な信者たちも、自分たちの世界観の防衛のためなら禁欲的に勤勉に努めることにためらいはなかった。彼らは「ジャズエイジ」と呼ばれる都会の退廃した文化に染まらぬように、演劇も映画も見ることなく、歌やダンスも避けた。酒もタバコも控えたりしたから、では、何が暮らしの楽しみになるかというと、教会での陶酔的な信仰というのが答えの一つであった。

主流派の教会の行事が次第に無味乾燥化していくのに対し、保守系の教会の行事は次第に熱狂的なものになっていった。そうなってくると、これまた第3章のメスメリズムないし催眠術や第4章の千里眼のところで見てきたように、集団的な暗示による何らかの魔術的効果が実感されるようになるのは、ほとんどもう必然である。そうした魔法の一つがペンテコステの異言であった。

新約聖書に含まれる「使徒言行録」によると、キリストが死んで復活し、弟子たちの前に現れてのちに昇天するという出来事があったのだが、それに続いて、今度は集会する弟子たちの間に聖霊が降りてくる（聖霊降臨）という事件が起きた。信者たちは口々に外国語を語りだしたと書かれている。これを「異言」と呼ぶ。これが起きた日がちょうどペンテコステと呼ばれるお祭りの日であった。

そして「使徒言行録」が書かれてからおよそ二〇世紀ほど経ってから、アメリカの一部の信者が、先祖還りしたかのように、異言状態に陥りはじめる。これを「ペンテコステ（聖霊降臨）運動」と呼ぶ。なんだか一九世紀の霊媒たちの起こした集団暗示現象に似ている。

最初にこれが起きたのはカンザス州のある町（一九〇一）で、次がロサンゼルス（一九〇六）であった。その後この運動はまたたくまに全米に広がったという次第だ。

ちなみに、ペンテコステ派が異言で外国語を話すというのは、あくまで主観的印象であって、本当にどこかのまともな言語を話しているわけではないのだそうだ。

カンザス州で起きた最初のペンテコステ運動では信者が中国語を口走ったことになっているが、アメリカ国内の中国人はそれが中国語であることを否定した。しかし、当時のアメリカ人にしてみれば、中国語なんてどうせわかりゃしない言語であるから、信者が中国語だと言ったのなら、それは中国語なのだった。

一般に、異言は外国語らしく聞こえる断片的な音の羅列にすぎず、文法的な構造性をもたないものなのだと言われる。[*26] タモリが若いころに評判をとったお座敷芸、ハナモゲラ語あるいは「四カ国語マージャン」のようなものかもしれない。

当人たちの主観にすぎないと言えば、ファンダメンタリストの主張する聖書の文字通りの読解なるものも、あくまでも当人たちの主観的な思い込みとしての読解にすぎない。実際の聖書には民族殺戮を正当化するとか、家父長が娘を男どもに強姦させるのを正当化するとか、いろいろと妙なことが書かれているのだが、ファンダメンタリストといえどもそういうのはふつうは無視している。ただ、聖書のなかの同性愛を禁ずるくだりなどは自分たちの偏見に合っているので、そうしたものに関しては字義通りに守ろうとする。ご都合主義なのである。[*27]

＊26 言語学者ウィリアム・T・サマーリンによれば「異言は一連の無意味な音節《シラブル》からなる。音節を織りなすのは、話者に耳なじみのものから拾った音を、多かれ少なかれでたらめに組みあわせたものである。……表面的には似ているものの、根本的なところで言語ではない」［キャロル］。

＊27 聖書の文言を倫理的指針にすることができないことについては、無神論者クリストファー・ヒチンズ編 *The Portable Atheist* 所収のエリザベス・アンダーソンの論考を参照のこと［Anderson］。

第6章　UFOの時代——空飛ぶ円盤から異星人による誘拐まで

戦後のアメリカ社会が生み出したUFO言説

二〇世紀後半に登場した亜宗教的言説として見逃せないのが、「空飛ぶ円盤」ないし「UFO（未確認飛行物体）」をめぐる噂、騒動、サブカルチャー、陰謀論の一群だ。ちなみに、「空飛ぶ円盤」は初期にマスコミが広めたあだ名である。ブームがはじまって数年後の一九五一年に、アメリカ空軍はより事象に即したUFOを用いるようになり、以後この呼び名が定着している。[*28]

UFO言説の特徴は、次々と性格を変え、次第にカルト化していったことである。

最初人々が言っていたのは、空中に奇妙な飛行物体を見たということだった。やがて空中を飛んでいるのは異星人の宇宙船だという話になり、異星人との接近遭遇を申し立てる者たちが出現するようになった。さらにこれに、アメリカ政府が真相を隠しているという陰謀論が付着し、そちらの方面の話題が増殖しはじめる。やがて、異星人による誘拐（アブダクション）の報告が話題の中心を占めるようになり、「前世の記憶」や「抑圧された幼児期の記憶」などとともに、虚偽記憶論争の主戦場の一つとなる。空中になにかが見えたという話は、メインの話題ではなくなっていったのだ。

①空中の事象、②異星人の乗り物、③政府の陰謀、④アブダクション――こんな順番である。変貌の各フェーズは、各時代の雰囲気と論理を反映している。もう少しくわしく見ていこう。

①【空中の事象】

初期には二次大戦の空襲の記憶や冷戦開始による軍事的緊張が大きくものを言っていた。「空飛ぶ円盤」が米国内で広く注目されるようになった四〇年代には、円盤の正体はソ連あるいは米軍の新兵器ではないかと思われていた。

五〇年代までの初期の目撃報告の事例を見てみると、戦争や冷戦体験が空の防衛に対する人々の意識を高めた一方で、人々のほうでは空中にあるものについて、またその見え方について無知であったように感じられる。

つまり、空を飛ぶ飛行機が気象条件によっては奇妙な形に見えることとか、不思議な形態の

＊28　空軍の円盤事件担当機関プロジェクト・ブルーブックの責任者ルッペルト大尉が採用した「ルッペルト」。

6-1　1952年にニュージャージーで撮影されたとされるUFO

気象用あるいは軍用の気球があることとか、夜間にライトを照らしながら空中給油するなんて高度なワザをおこなう軍用機があることとか、月や金星や火星などの天体が場合によっては想像以上に大きく見えたりいびつに変形して見えたりすることとか、気象状況がレーダー情報を撹乱することとかが、この時代にはいまほど知られていなかったのである。

さらに、噂や都市伝説の広まりかた、コミュニケーションの齟齬が生み出す問題など、社会心理学的な方面の研究も進んでいなかった。

こういう条件を考えると、初期のころに「空飛ぶ円盤だ！」と騒がれたあれこれの事象は、幽霊の正体だとされる「枯れ尾花」の類だったように思われる。戦後のアメリカにＵＦＯ目撃談が続いて起こるようになったのは、その時代のアメリカの空中になにか異変が生じたからではなく、戦後アメリカの社会心理的条件によるものだったと考える研究者は少なくない。

②【異星人の乗り物】

さて、五〇年代には、早くも異星人の宇宙船（スペースクラフト）仮説が主流を占めるようになる。

さらに、異星人とコンタクトをとったという人（コンタクティ）も現れ、UFO言説のサブカル化、カルト化がはじまる。アポロ計画よりも前の時代であり、火星に火星人の運河があるなんて真顔で語られていた時代だ。金星が灼熱の地獄だということも知られていなかった。宇宙探査黎明期のそんな素朴な感覚で語られた異星人も異星人の船の描写も、いまから見ればかなり漫画的なものであった。

なお、この異星人言説は公式には①のフェーズのあとに登場したものだが、大衆向けパルプ雑誌（三流の冒険・SF・エログロ系の話で満載の粗悪な紙の雑誌）では、ずっと以前から、宇宙人やら地底人やらが地球を監視したり襲撃したりする物語が流行していた。コンタクティ第一号として有名なジョージ・アダムスキーも、もとはSF小説めいたものを書いており（売れなかった）、そちら方面からの転向組だったのだ（転向したら売れた）。

③【政府の陰謀】

ＵＦＯの目撃情報など、そもそも雲をつかむような話ばかりだから、空軍や政府も何をどう対処したらいいのか見当もつかず、調査においても発表においても混乱状態が続いた。

円盤騒動がはじまってすぐに空軍が設置した専門の調査機関プロジェクト・サインは、「空飛ぶ円盤は実在する」「たぶん外宇宙から来た」とずいぶん前向きな結論を出したのだが、空軍の上層部は判断が拙速すぎるとし、却下する。いまから思えば妥当な采配だと思われるのだが、「現場の判断を上層部が握りつぶした」という噂は、のちのちＵＦＯビリーバーの間に陰謀論を広める原因の一つとなった。

思うに、証拠の曖昧さと社会的意味合いの重大さとを併せ持った問題があるとき、そこに陰謀論が生まれるのはほとんど必然的である。証拠の曖昧さのゆえ、慎重派と急進派との意見の対立がはじまる。影響の大きさを考えると、責任者としては慎重な判断をしないわけにいかない。するとそれが陰謀的な抑圧と解釈されるという具合だ。

こういうジレンマはあらゆる分野にあるはずなのだが、超常的なものと想像されるＵＦＯないし異星人の場合、議論じたいが神学論争めいたものになりやすい。超高度文明の異星人ならどんなに無理な出来事でも簡単に起こせそうだからだ（全知全能の神と同じである）。

六〇年代後半以降、ベトナム反戦運動や公民権運動を通じて、反体制の姿勢が一般化した。そうしたなかで、UFOをめぐる政府陰謀説がしっかり定着する。スティーヴン・スピルバーグの有名な『未知との遭遇』（一九七七）も、一応政府には隠し事があるという線で描かれていた（ただしロマンチックなスピルバーグのことだから、陰険な陰謀論ではなく、異星人の意図の把握の難しさに起因する政府の試行錯誤的な迷いと善意の配慮の産物という描き方になっている）。

④【アブダクション】

やがてUFO言説は「なんでもあり」の様相を呈するようになり、ストレス多き現代社会、とくにアメリカ社会の心理的歪みの投影としての様相を濃くしていった。

コンタクティ言説はアブダクティ言説――異星人にアブダクト（誘拐）され人体実験を施されたという報告――を派生させたが、ここには民間療法としての催眠セラピーによる記憶汚染が関わっている。つまり単に精神が不調だったという人が、セラピストの催眠の暗示によって異星人の誘拐の記憶を自らつくり上げ、自ら信じていくようになる、ということが繰り返し起こっている。

八〇年代から九〇年代にかけて、アメリカでは「臨死体験」の回想や「前世」の記憶の信憑性が話題となっていたが、アブダクティ体験の信憑性の問題もそれらとの並行の事象と見ることができるだろう。

「虚偽記憶」というテーマが心理学の世界に急浮上し、一般社会にも認知されるようになったのもこの時期だ。九〇年代のアメリカは、幼児期に性的虐待を受けたことをセラピーによって「思い出した」という、調査も立証も難しい告発が次々とおこなわれ、大騒動になっていた。後述するように、記憶を専門とする心理学者の研究によって、人間の記憶の流動的な、容易に捏造される性格が明らかになったが、今日においても一般社会は完全にはこの認識を共有していない。記憶というのは個人のアイデンティティに関わるものであり、心理学者なんぞにとやかく言われたくないという人も多いのである。

UFOのアブダクティ言説はこのややこしい問題のまさしく先駆けなのであった。アブダクティはおぞましい記憶を抱えながらも、奇妙なことに、それを宗教の回心体験のように自らのアイデンティティのよすがとし、それを慈しむまでになると言われる。

ここまでくると、UFO言説は「信念」のみならず「救い」という点でも宗教に似たものになっている。この段階においては、①の空中現象、②の異星人、③の政府の陰謀をめぐる問題はもはや雲散霧消している。神や霊が実在するのかどうか、奇跡があったのかどうか論じてみても宗教信者には通用しないように、アブダクションをめぐる個人的体験は、事実関係をめぐる公の議論を超越するような性格を見せるようになった。

以上、①〜④のフェーズを少しくわしく見てみた。UFOの本場アメリカでは、言説じたいが空中の光体の正体はなにかというレベルをはるかに超えた面妖なものに発展していったのだ。私は、このUFO言説と前章で眺めたファンダメンタリストの反進化論言説には似たところがあると思っている。

どちらも圧倒的にアメリカ合衆国を主要な舞台として展開したものだ。

どちらも新時代が生み出した論題——進化と宇宙——を触媒として展開している。

どちらも社会の支配層に対する不信感を大きな動機付けとしている。

ただし、ファンダメンタリストが少数派ながらも政治を動かすほどの勢力となっているのに対し、UFO運動のほうは概ねサブカルチャーに留まっている。前者は一応キリスト教という伝統的な文化の根幹に関わっているのに対し、UFO言説にはそういう共同体的基盤がなく、信者はオタク的個人の漠たる集合体にすぎないからだ。それでも陰謀論的ロジックの先駆として十分注目に値するものをもっている（なお、第7章で見ていくニューエイジの信者は、ファンダメンタリストとUFO信者の中間あたりにあると言えるだろう。前者と同様に宗教的なのだが、個人的信仰の寄せ集めという点では後者に似ている）。

本章では、以下、UFO言説の四つのフェーズのうち、①における空中現象の目撃と、④におけるアブダクティと虚偽記憶の二つを重点的に取り上げることにしよう。

ケネス・アーノルド事件

ＵＦＯの歴史を扱った本はどれも一九四七年のケネス・アーノルド事件から記述をはじめている。この事件をきっかけに「空飛ぶ円盤 flying saucer」という言葉が生まれたからである。この事件以前にも空中になにかがあるという目撃報告はあった。しかし、名前がなかったので、体験が共有されず、国民レベルのブームとなることはなかったのだ。

いや、ブームといえば、すでに半世紀前（一八九六〜九七）にアメリカ中西部で飛行船のようなもののちょっとした目撃ブームがあった。いまだ実用的飛行船が就航していない時代だから、この一九世紀末の飛行船騒ぎがいったい何であったのかは不明である。[*29] 二〇世紀に入ってからは、今度は世界各地で飛行船騒動が――実際には飛んでいないにもかかわらず――起きたのだが、こちらも正体不明。戦争恐怖とかそういうものによる集団ヒステリーかと言われている。二次大戦の前後には、幽霊飛行船は幽霊飛行機に変わった。さらに「フー・ファイター（foo fighter）」と呼ばれる球体や円盤状のものの目撃もはじまった（妙な名前だが、戦前にあった漫画作品にちなむものだそうだ）。戦後の一九四六年にはヨーロッパ中で幽霊ロケットが目撃され、ソ連の秘密兵器かと言われるようになる。

一九四七年に入ると北米において飛行物体の目撃が数十件も続く。その流れの中で、六月二四日にアーノルドの目撃事件が起きるのだ。

米国北部の名士でありベテラン飛行機乗りであった実業家ケネス・アーノルドは、前年に消息を絶った海軍輸送機の捜索をおこなっている最中に、ワシントン州レーニア山の近辺で、連なっているように見える九体の飛行物体を目撃する。

それは尾翼を欠く不思議な形で数珠つなぎとなっており、跳ねるような飛び方も異様であった。しかもアーノルドの推定では、時速二七〇〇キロという驚異的なスピード――当時のジェット機よりも倍以上速い――で飛んでいたのだ。

彼は決して思いつきの数字を言ったのではない。付近を飛んでいた飛行機を基準に飛行物体の大きさを見積もり、背後の山岳の相対的位置関係から、物体が一定距離を飛ぶのにかかった秒数を割り出して、この数字を得たのである。飛行のプロっぽい算定の仕方は、彼の証言の信憑性を高めた。

＊29　飛行船騒動では一八九七年にテキサス州オーローラの風車に飛行船が衝突して異星人の遺体が回収されたとされる事件がよく知られているが、加門正一の現地調査によれば、話の出どころはローカルな新聞の娯楽パロディ記事であった［ASIOS①（Ⅳ）］。

とはいえ、目撃者と対象物との距離（奥行き関係）の推測はいつの場合にも難しいものであり、そのため、アーノルドの見た飛行物体の実際の大きさも、推定速度も、結局のところは不明である。彼の推定ほど遠くを飛んでいなかったとすれば、数値の全体が小さくなり、驚異的なスピード説は成り立たなくなる。

彼が何を見たのかはいまもってわからない。しかし当時からジェット機の編隊が気象的条件によって歪んで見えたのではないかと言われていた。奇妙な形状・飛び方からすると、気象観測に用いる連結型気球が流されてたなびいていたという可能性が高いかもしれない。

「空飛ぶ円盤」の語源

さて、この連結物体の見せた弾力的な動きを、アーノルドは「水面を跳ねる受け皿（ソーサー）のような」と表現した。つまり、水面を跳ねるフリスビーのような（いわゆる水切りのような）動きだったということだ。しかしこれを伝えたある記事が「空飛ぶ受け皿 flying saucer」とはしょって書いてしまった。これが一般受けして、こののち空中における目撃事件の対象物はこの言葉で——揶揄のニュアンスも込みで——呼ばれるようになった。flying disc とも呼ばれ、日本語ではその訳語「空飛ぶ円盤」が定着している。

それまでも球体や円盤の目撃報告はあったが、空飛ぶソーサーないしディスクという言葉は、

「空を飛んでいるのは円盤なんだ」という先入観を広めたように思われる。今日に至るまでUFOの典型的イメージは円盤あるいは円盤が盛り上がったような形となっており（つまり飛行機やロケットのような進行方向のある形では描かれない）、飛行機などを見誤った目撃者のスケッチにおいても、円盤のようなものが描かれるようになった（もっとも、本来それが天体や気象現象の見誤りであるなら、なにかまるっこい形になるというのは自然なことではある）。

さて、六月に起きたアーノルド事件により、「空飛ぶ円盤」がアメリカ全国レベルで意識されるようになると、さっそく七月に「墜落した空飛ぶ円盤を回収した」という事件が起きた。場所はニュー・メキシコ州の町ロズウェル近郊の牧場だ。牧場主がなにやらアルミホイルや木片などの残骸が落ちているのを見つける。さして重量のあるものではないので、それらを片づけて家に運んだのだが、当時はアーノルド事件の余波で円盤回収に懸賞金がかかるというほどの騒ぎになっていたものだから、地元の保安官に連絡し、近くの陸軍飛行場の大佐が様子を見にきた。

ヤマっ気のある大佐の報告のせいか、翌日の新聞には「空飛ぶ円盤回収」と書かれることになり、これを大手通信社までが取り上げた。しかし残骸を送られた空軍のほうでは、すぐにも「気象観測用の気球」と判断した。円盤回収のニュースは誤報ということになった（ただし「空飛ぶ円盤」という表現は空中飛来物の単なる符丁的表現だったのかもしれない）。

実際、当時の残骸の写真を見てもペラペラのアルミホイルであったことは間違いなく、どう見てもたいしたものが落ちてきたとは思えない。そういう次第だから、この事件はすぐに忘れ去られた。

しかし三〇年たった一九七八年になって、誰も覚えていないのをいいことに、話にめいっぱい尾ひれをつけて復活させ、ネタとして世に広める人が現れた。それによると、三〇年前のあの日、ロズウェルの牧場に落ちたのは異星人の乗ったスペースクラフトで、異星人の遺体は軍に回収されたのであった。こういう虚言を拡げる人がいるのは別に不思議ではないのだが、それを信じる人が多いというところに、アメリカ社会のユニークさが表れている。

この「ロズウェル事件」騒動はしばらく続いたが、さすがにいまでは沈静化している。

平和の使者か、侵略者か

すでに述べたように、UFO言説は早い段階で異星人の乗り物説に支配されたが、やがて異星人に遭ったというコンタクティや、異星人に誘拐されたというアブダクティのレポートが話題をさらうようになった。

一九五三年刊行のアダムスキーの異星人遭遇譚は、微笑ましいほどに牧歌的なものだ。たとえば火星人のあるご婦人は、アダムスキーにありがたい説法を聞かせている（[Adamski (chapter 8)]

より筆者訳）。

「あなたたちの家族どうしは、互いに感じる愛のことをよく語っています。しかしあなたたちが信奉するまさにその愛がしばしば他人を縛る所有欲として姿を現しているのです。自由な形の愛はまさしくその反対です。純粋な愛は敬意、信頼、相互理解から成るものでなければなりません。

他の世界ではどこでもよく知られ、また言われていることですが、愛は偽りの所有欲とは無関係です。そしてそれこそが地球人の愛を堕落させているのです」

話のトーンがじつにキリスト教っぽい。異星人はイエスの言葉なども引用し、無条件の愛を説いている。アダムスキーによれば、異星人のいちばんの懸念は地球人がもてあそんでいる核兵器なのだそうだ。

もちろん、異星人がいつも愛と平和の使者のように考えられていたわけではない。攻撃的な異星人の遭遇譚もあるし、ＳＦなどでは地球を狙うタコ型インベーダーのように地球侵略を狙っている場合もある。

民話調の出現譚もある。異星人がパンケーキをくれたといった話だが（一九六一、ウィスコン

6-2　フラットウッズ・モンスター

シン州）、フランスのUFO研究家ジャック・ヴァレは、ヨーロッパでおなじみの妖精出現譚との関係を指摘している。民話調といえば、妖怪の出現みたいなケースもある。一九五二年にウェストヴァージニア州のフラットウッズ村にUFOとともに現れたモンスターは、左の図のようなぞっとする姿で子どもたちに襲い掛かった。

　このフラットウッズ・モンスターは、まあ、メンフクロウの見間違いだったと言われているので、用意周到に語られた異星人出現譚と一緒にはできない。ともあれ、UFOと結びつけられた異界のものには、伝統的な幽霊や妖怪と同様、忌まわしく邪悪なイメージもあったことがわかる。

ヒル夫妻誘拐事件

　六〇年代にはじまり、のちのち九〇年代ごろにはかなり社会に信奉者を拡げるようになったアブダクション（誘拐）言説では、基本的に宇宙人の態度はかなり暴力的である。地球人をつかまえて失神させ、奇妙な人体実験をおこなうというのがその定番パターンだ。

典型的アブダクション・ストーリーの最初のものとして有名なのが、一九六一年に起きた「ヒル夫妻誘拐事件」である。

九月のある夜、ベティ&バーニー・ヒル夫妻が、カナダでの休暇を終えて米国北東部の自宅に向かって車を飛ばしていたときのことである。夫妻は背後から光体が追いかけてくるように感じた。その光体というのは、夜空に浮かぶ月の近辺に出現したもので、双眼鏡で見ると窓が見えたとか人影らしきものが見えたと証言している。

ベティはこの夜の体験のことをずっと考えていたが、やがて異星人につかまって円盤に乗せられるという悪夢を見るようになる。彼女は地元の集会などで悪夢について語りはじめ、翌々年には二人揃ってボストンの精神分析医の催眠術のセッションを受けた。それは失われた記憶を催眠によって「呼び覚ます」という形のセッションで、そこで夫妻はアブダクションの詳細な記憶を思い出したのであった。

それによると、ベティとバーニーは円盤の中で個別に身体をチェックされた。ベティーはヘソにワイヤーのようなものを通されたりした。しかし、担当した医師は、アブダクションの記憶はベティの生活史における抑圧や葛藤が生み出したものだろうと考えた。バーニーについては、ベティに感化されたものと判断した。つまりアブダクションの事実はなかったと結論づけられたのだ。

6-3　ベティ＆バーニー・ヒル夫妻

じつのところ、ベティはもともと空飛ぶ円盤が大好きだったとのことで、本も読み、異星人が出てくるＳＦ映画のファンでもあったと伝えられている。バーニーのほうは円盤の話などには懐疑的だったが、妻の影響を受けており、セッションで思い出した自分のアブダクションについても虚構だとは思わなかった。また、夫妻は夫が黒人、妻が白人という、当時としては珍しい組み合わせのカップルであり、その心理的ストレスがアブダクションの虚偽記憶につながっているという説もある。

ベティとバーニーのケースは、催眠術を施した医師が記憶内容に懐疑的であったし、同時代のＵＦＯマニアの多くも眉唾と思ったので、このまま忘れ去られても不思議ではなかった。

しかしこの事件は延々と尾を引く。

一九六六年にはこの事件に取材した本（フラー『宇宙誘拐』）が公刊された。催眠療法から一〇年たった一九七四年には、ベティが異星人に示されたという簡単な星図のスケッチから、ある教師が「ゼータ2レティキュリ」という星を特定したという雑誌記事が現れた（コジツケと論証されたが、マニアはその後も信じ続けている）。一九七五年には有名俳優がヒル夫妻を演ずるドキュメンタリー風のテレビ映画（『UFOとの遭遇』）が放映された。そしてそこで描かれた異星人の姿が、これ以降の異星人のイメージに大きな影響を与えるようになったと言われる（映画『未知との遭遇』の大きな吊り目をもつ裸形の宇宙人たちも、この系統なのだそうだ）。

そして何よりも、このテレビ映画を境に、アブダクションの報告が飛躍的に増えたのである。放映以前の異星人の誘拐に類するレポートは三〇年間で五〇件、放映後は二年間で一〇〇件以上というから、ブームが到来したことは明らかだ。アブダクション体験記も続々出版され、トラヴィス・ウォルトン（一九七八）、ベティ・アンドレアソン（一九七九）、ホイットリー・ストリーバー（一九八七）といったアブダクティがヒットを飛ばした。

一見最盛期を迎えたUFOブームだが、根の方では腐食が進んでいった。七〇年代を通じて、アメリカ人は未確認飛行物体を見なくなっていったと言われる。アブダクションの報告は続いているものの、空中の光体の目撃も、誘拐を伴わない異星人との接近遭遇も急速に姿を消し、「空飛ぶ円盤伝説は、空飛ぶ円盤そのものから、切り離されてしまった」のだ［ピープルズ］（四四八ページ）。

なぜ人は異星人に誘拐されたと思うのか？

ここで話が九〇年代に飛ぶ。また、話題もUFO言説から虚偽記憶へと飛ぶ。両者を橋渡しするものがアブダクション言説だ。

一九九〇年代のアメリカでは、子ども時代に性的虐待を受けたという記憶を催眠セラピーによって「回復」したという人々が大勢出現し、その記憶の真実性をめぐって盛んに議論がおこなわれていた。もし性的虐待が本当ならば、犯人（たいていは親族）をすぐにも捕まえて犠牲者の救済に努めなければならないが、もし幼児期の記憶があてにならないものであるならば、それはとんでもない冤罪事件の温床ともなりかねない。

実際、催眠セラピーは虚偽記憶をつくってしまう可能性が高いのだった。幼児期の記憶などは容易につくられやすく、そもそも人間の記憶はビデオや写真のように場面全体をばっちり脳に刻印するようなものではないということもわかってきた。記憶とはむしろ再生時に再構成されるものであり、その際に、本当に体験した出来事も、ちょっと前に想像した出来事の像も、暗示によって脳裏に浮かんだ出来事の像も、脳味噌はまったく区別せずに再構成の材料に使ってしまう。虚偽記憶問題に関しては、心理学者エリザベス・ロフタスの研究がよく知られている。

さて、ロフタスと同様に記憶を専門とする心理学者スーザン・A・クランシーは、虚偽記憶の形成と個人的特性との相関関係を調べることで、この問題の解決の補助ができるのではないかと考えた（『なぜ人はエイリアンに誘拐されたと思うのか』［クランシー］）。しかし、これを性的虐待の記憶を抱える人を相手に実践したのでは、当事者を余計に傷つけてしまう恐れがあった。そこで彼女が目をつけたのがアブダクティの事例であった。異星人の人体実験の記憶であれば、虚偽記憶という前提のもとに議論を進めたとしても人々の合意を得られやすい。これならどういう人がどういう理由から自らのユニークな記憶に対する確信を抱くことになるのかをニュートラルに研究できそうだと思ったのである。

クランシーが調べてみたところ、自称アブダクティは、町中にたくさんいた。新聞広告で募集すると次々と現れるのだ。彼女は、公刊されたアブダクション体験記も精読し、さらに映画学校の学生などの協力を得て、異星人関係のアメリカ製の映画やテレビ番組をほとんどすべて見てみたと言う。

彼女が会って話を聞いたアブダクティにはさまざまなタイプの人がいたが、基本的には想像力に富んだ者たちであり、科学的精査よりも自己の直観のほうをゆるぎない「証拠」と考える傾向があった。人間の直観はアテにならないからこそ科学的検証が必要となるのだが、そう考えるよう教育されてこなかった者たちである。じつは世の中にはそういう人が非常に多く、そういう意味では、アブダクティのキャラクターに特異性はない。

基本的に、彼らは日常生活においてなにか不審な体験をするか（鼻血が何度も出る、目覚めたときなぜかパジャマが床に落ちていた、覚えのない痣が見つかる、金縛りにあうなどからはじまってもっとシリアスな体験までいろいろ）、自分が人とどこか違うと感じていた。彼らはそうした「違和感」の原因をごくふつうの合理的解釈で探るだけでは納得がいかず、自己流に探究しつづける。そして催眠セラピーにたどり着く。アメリカではそうしたセラピーがやたらと流行しているのである。

催眠セラピーは虚偽記憶を生みやすいものだが、それにしてもなぜ、異星人による誘拐と人体実験という奇妙なストーリーが現れるのだろうか？　クランシーの見るところでは、そうした物語パターンが映画作品やアブダクティ体験記という形でアメリカ中に広まっているというのが最大の理由である。アブダクティ言説は異星人が地球人を誘拐するという内容のSF映画が出現したあとに現れており、作品の虚構と人々の体験とがフィードバックしあっていることは間違いないと指摘する。

真夜中に異星人が出現し、人を金縛りにし、人体に妙な痕跡を残す。被害者はその後不安症を抱えたり、失われた時間があったと気づいたりする――クライアントはこの物語パターンを自己の人生の大事な一フェーズを説明してくれるものとして、自己暗示によって受け入れてしまう。

要するに彼らは、この物語によって人生の不調の原因を理解してしまったのだ。とんでもない筋書きであり、論理の飛躍を数々含んでいるとしても、これが彼らの心の琴線に触れてしまった。そもそも「そのような事実はなかった」という立証は誰にもできないので、それが心の奥深くにそのまま定着するようになる。

アブダクションとアイデンティティ

ここで、科学の訓練を受けた人であれば、たぶんそんな物語で納得するということはないのだろう。しかし、世の中にいるのはそういう人ばかりではない。

異星人による人体実験のトラウマというユニークな説明を受け入れるということの背景には、自己の体験が、ひいては自己の人格そのものが、かけがえのない唯一無二のものだと思いたいという心理も働いているらしい。

一般に、人々にとって自らの日々の経験は、他の人とは異なる独自的なものである。いかに平凡なことであっても、当人にとってはかけがえのない重みをもつ。それを「誰にだってある平凡なもの」として説明されるのはおもしろいことではない。合理的な説明、科学的説明というものは、そういう意味で腹立たしいものともなりうる。

たとえばあなたが金縛りにあうとする。奇妙にリアルな悪夢も同時に見たとする。あなたは底なしに怖ろしいと感じる。ところが医師に言わせれば「それは睡眠麻痺といって、まったくよくあることです」となってしまう。そうした説明は合理的であるが、これではあなた自身が感じた比類なき恐怖やもろもろの思いが宙に浮いてしまう！

このように、科学的説明は、自分が自分固有のものだと感じている日々の体験から、自分特有の個性のオーラを奪ってしまうのだ。

かくしてあなたの体験の固有性、あなた自身の個性を保証するものとして、一つの科学的ではない説明、すなわち、あなたの受けた感触の起源を異星人による誘拐と人体実験というまったく風変わりな事象に帰する説明が、この上なく魅力的なものとなるのである。

クランシーは、あるアブダクティの次の言葉が問題の本質を端的に表していると言う。

「わたしに言えるのは、これはわたしの体験で、あなたの体験じゃないっていうことだけ。わたしは感じたの。エイリアンだったわ」［クランシー］（七五ページ）

エイリアンの誘拐という突拍子もない出来事は、自己の体験の比類なき重みに釣り合っているらしいのだ（他の説明のほうが合っているという人ももちろん大勢いて、それぞれなりの妄想の世界をつくっているのだろうが）。

クランシーの報告内容は、宗教、疑似科学、偽史、フェイクニュースの信者のケースによく似ている。彼らはいずれもテコでも自らの信念を曲げようとしない。議論を持ち掛けたところで水掛け論（神学論争？）が待っているだけである。

どうやら人間とは、事実やら「不都合な真実」なんかのために生きている動物ではないのだ。自分という存在に深い満足を感じたいがために生きている。

思い入れ、アイデンティティ、自己満足、安心立命――なんでもいいが、そういった「実存」的なもののために生きているのである。

異星人による法悦

たいていの人は適当にほどよい自己満足を得ているが、さまざまな原因でいわゆる生きにくさを抱えている人のなかには、自己の体験の種々相に底なしの不安を感じてしまう人がいる。それは説明しがたいものであるからこそ、むしろ神話が欲しくなる。

アブダクションにおける人体実験は針を刺すなど怖ろしいプロセスを含むが、体験者がその

6-4　ベルニーニ「聖テレサの法悦」

あたりを描写するのを聞くとき、クランシーはいつもジャン・ロレンツォ・ベルニーニの「聖テレサの法悦」を思い出すと言う。これは一五六二年にアビラの聖テレサが天使に出遭い、その鉄の矢によって内臓を幾度も突き刺されたというエピソードを彫り上げた見事な彫刻作品だ。

なるほど、これはヘソにワイヤーを通す異星人のアブダクションによく似ているかもしれない。テレサはそのとき神の愛に満たされた。ベルニーニの作品では、聖テレサはほとんど性的エクスタシーを味わっているかのようだ。アブダクション体験が概ね性的なものであることと通じ合うものがある。

クランシーによれば、異星人のアブダクションを体験した人は、一般に、その体験をとても大事なもの、愛おしいほどのものと感じているのだそうである。

「もしエイリアンに誘拐されていなかったら、わたしはいまとはまったくちがっていたでしょう。もっと無味乾燥な生活を送っていると思います」

「この旅のおかげで、宇宙の中に自分の居場所を見つけることができました」［クランシー］

（二二四ページ）

これはまさしく宗教の回心体験と同様のものだ。たとえ嫌なものであっても、いや、嫌な、自己犠牲的なものであればあるほど、自己の存在の意義が高まる。十字架に架けられたキリストに準じたものになれる。

以上、UFO言説のたどり着いた一つの極限としてのアブダクティ言説は、意外な形で私たちの実存の秘密を教えてくれたのであった。また、二〇世紀後半のアメリカ社会の精神的に張り詰めた状況も垣間見せてくれたようにも思う。そもそもアブダクティ体験談などアメリカ以外にはほとんど流通していないのだから。

コラム⑥　L・フェスティンガー『予言がはずれるとき』

ＵＦＯないし異星人をめぐる騒動が心理学に貢献した例として、非常に有名なものを紹介しよう。

「認知的不協和」理論という社会心理学の学説がある。

自分の信念と事実とが互いに矛盾するとき、人間は事実を棄て、信念のほうを取るという選択をしばしばおこなう。なぜそんな自滅的なことをするのかというと、人間にとって主観的な信念も、客観的事実のデータも、要するに自分の心という舞台に現れた認知的要素であるにすぎないからだ。

認知Ａ（信仰など）が認知Ｂ（現実からの情報など）と不協和音を立てるとき、Ａを引っ込めＢに合流するのが合理的なやり方だが、心理的にはその逆もありうる。現実の情報に対して当面蓋をしておくことができるのであれば、人間は信仰の強化にいそしむほうを選ぶ。外から見れば恥の上塗りだが、当人は勝った気になる。そんなのが人間心理の現実なのだ。

一九五四年、認知的不協和論を提唱したレオン・フェスティンガーは、それを実社会の現場で確認するために学生たちをある小さなＵＦＯ終末教団に忍び込ませ、教祖の終末予言が外れた直後に信者たちがどのような心理的反応を見せ、どのような社会的行動に出るかを観察させた。[*30]

教団といっても本当に小さなもので、予言成就の日、霊媒の女性の家に信者のうちの十数名が集まって、真夜中にUFOが彼らを迎えに来るのを待っていた――その数時間後にはアメリカを洪水が襲うはずであった――というのが、出来事の全容にすぎない。グループがまとまりを見せるようになったのはその日のほんの数カ月前からのことだ。しかし、当時は世の中が呑気だったというか、こんなマイナーなグループの発する怪しげなメッセージなどもおもしろ半分でいくつかの地方新聞が報じていた。

グループ内の力関係は曖昧で、霊媒らしき人は他に二人ほどおり、それとは別にオカルト好きの大学講師がいてこの人物がオカルト好きの学生をグループ内に引き入れていたという構図だ。これだけルーズなのだからフェスティンガーの指導する学生が観察者として出入りすることも簡単だった。まあ、現代とは比較にならないほどアバウトな、また、人と人が信頼しあう時代だったのだ。

それでも、予言された日の真夜中一二時となり、誰の目にも予言の不達成が明白になったとき以降信者たちが起こした反応は、まさしく「認知的不協和」の定式そのものだったので、この参与観察をまとめたフェスティンガー他著の『予言がはずれるとき』は社会心理学の名著となったのである［フェスティンガー］。

信者たちのそのときの様子を少し紹介すると……まず予言の時刻がきて、何も起きないことを認めざるをえなくなったときの教祖と信者たちの反応は、困惑ないし茫然自失であった。次の数時間の間、霊媒の一人がたどたどしく語りつつ、言い繕いの道を模索しはじめるのだが、みなの納得のいく答えにはたどりつかない。

ちなみに、UFOに乗ってやってくるはずの救済者は異星人なのだが、啓示などの大元の発信源はサナンダと呼ばれるキリストであった。つまり一応、一神教の枠内にある信仰体系なのである。そしてこの神的存在が、四時四五分までに、教祖に重大なメッセージを啓示した。それは、夜を明かして誠実に待っていたこの小さき信者の群れが大いなる光を放っていたので、神がこの世を破滅から救った、という内容であった。信者たちはこのメッセージに飛びつき、これを全世界に発信せねばならぬとおおいに興奮する。そして午前六時半までに、思いつく限りの新聞社と通信社に、世界は救われたというメッセージを送ったのである。

そのあとも、一二月二四日に街中でクリスマスキャロルを歌うなど、信者たちは積極的な行動をとる。もちろん、予言がはずれることによって脱落者もたくさん出たのだが、志操堅固な者たちは自分たちの成功に執着しつづけた。グループの中核にある者たちは、この一年の間に職を失ったり評判を失ったりしているから、この道でやっていくしかなかったのだ。

予言がはずれたことをこのグループが全然認めなかったわけではない。現実にＵＦＯは来ないし、洪水も来ないので、予言通りにいかなかったことを否認することはできない。ただ「予言が失敗した」とは認めなかった。「予言は変更になった」のだ。その理由は自分たち信者の努力が神に嘉されたからである。自分たちこそ感謝されてしかるべき存在なのだと考えれば、非常な優越感に浸ることもできただろう。

さらに、そうやって頑張って、利害をともにする者どうしが連帯すれば、運も開けるかもしれない。負けを認めるよりはゴネるほうが勝率は上がるのだ。

こうした認知的不協和のようなパターンは、宗教史上よく見られる。

信者が世直しの救世主だと思っていたナザレのイエスがローマ帝国によって処刑されたとき信者の間に起きた反応も、同種のものだったのかもしれない。信者は、キリストが人類の罪のために犠牲となったと考え、その福音を知る自分たちは世界中に宣教しなければならないとおおいに盛り上がった。

あるいは、異民族に征服された古代イスラエル人が、自分たちが奉じていた神をあらゆる民族の神々を超えた唯一絶対神へと格上げし、一神教を発明したときも、似たような心理が働いたのかもしれない。

「認知的不協和」というとなんだかものものしいが、人間は悔しいときにはどんな神学だって生み出すということの一例として理解すればいいだろう。病気になったとき「神に祈りましょう」と言い――この時点では祈れば病気が治ることになっている――いつまでも治らなければ「これは神の試練です」と言い、ついに身罷《みまか》ってしまえば「天国で永遠の平安を得た」と言い出すということは、正統派からカルトまで、宗教の定番の論理パターンだ。

信者たちの主観において、こうした思考の働きこそが慰めの源泉なのである。

＊30　教祖はシスター・セドラとも名乗るドロシー・マーティン（一九〇〇～九二）だが、フェスティンガーの著書では仮名「マリアン・キーチ」で登場する。事件の舞台であるシカゴ西郊のオーク・パークはシカゴにちなんで「レイクシティ」に、グループの信仰形成に大きな役割を果たしたミシガン州立大学の医師チャールズ・ラフィールド博士は「トーマス・アームストロング」、彼の居住地ミシガン州イースト・ランシング（ミシガン州立大学がある）は「カレッジビル」に変えられている。

第7章　ニューエイジ、カスタネダ、オウム真理教事件

ニューエイジとはなにか？

二〇世紀後半から今日にかけての欧米の宗教状況を考えるにあたって、無視できないのがニューエイジ（New Age）という思潮だ。いや、無視できないどころか、これはかなり大きな流れとなっている。ファンダメンタリズムやUFO言説と同様、ニューエイジがもっとも隆盛を極めたのはアメリカ合衆国であるが、英国を中心にヨーロッパでも流行し、さらに日本の宗教界や大衆文化に浸透している（日本で「精神世界」「スピリチュアル」などと呼ばれている外来系の宗教文化は、ニューエイジの系統である）。

ニューエイジは一個の教団の名前ではない。宗教のネーミングでさえなく、多種多様な宗教的・亜宗教的・呪術的な思想や運動の総称である。基本的な特徴は、非キリスト教的、あるいは多くの場合、非一神教的であるということだ。

つまり、欧米において伝統的に正統とされてきたキリスト教や一神教に起源しない新宗教的

な思潮ということになる。それは多様な流れを含んでいる。

たとえば西洋固有のものとしては、占星術やタロット、中世ユダヤ思想に由来するカバラ、一八世紀にはじまるスヴェーデンボリ主義、また、（東洋的伝統が混ざっているが）神智学などがある。いずれも伝統的にはオカルトや異端という扱いだったものだ。

いわゆる東洋（インドや東アジア）から移入されたものとしては、禅やヨーガなどの各種の瞑想・精神統一法、易経、輪廻思想などがある。東洋のみならず北米先住民文化も、自然崇拝、呪術、幻覚性植物の使用などの形で影響を与えている。

新規にはじまったものとしては、超心理学系のもの、心理セラピー系のもの、代替医療系のもの、UFO信仰に類するものなどがある（代替医療系のものには鍼のように東洋医学に由来するものもある）。

このように、その内実はずいぶんと多様だ。ニューエイジの大事な特徴として、たとえ互いに教理的に矛盾していようと適当に混交して共存するのをよしとするゆるさ、よく言えば包容力、悪く言えばいいかげんさが指摘できる。教理のゆるさは、組織のゆるさにも関係がある。思想的な連帯程度の結びつきや、漠然とした流行の場合も多い。もちろん教団をなしているものもあり、時には教祖やグル（ヒンドゥー教で導師のこと）に盲従してカルトめいた様相を呈する場合もある。教理が曖昧なぶんだけ教祖信仰が強くなってしまう傾向が強いとは言えそうだ。

また、社会規範に無頓着な一方で、独自の習慣や、自然食主義や菜食主義の規律にこだわる人もいる。これはこれでけっこう頑固である。しかし全体としてみれば、教団をハシゴする信者が多く、流動性は大きいと言えるだろう。

キリスト教的伝統の「真逆」ということでは、ニューエイジは次のように特徴づけられる。

・多神教的、アニミズム的である
・神よりも、人間の悟りや覚醒のようなものを信仰のコアに置く
・個人的体験に力点を置き、心理学的、身体技法的、医療的である
・自分たちを religious というよりも spiritual であると捉える

ちなみに、とくにニューエイジの影響を強く受けている人でなくとも、religion（組織的な宗教）を嫌い、かわりに spirituality（個人的な宗教心のようなもの、霊性）を称揚するという傾向は、現代欧米の知識階級に多い。日本人もアンケートをとると「宗教は嫌だが宗教心はよいと考える」という傾向が表れる。組織は嫌だが個人的な思いであればいいのだ。個人主義化の進んだ先進国では、基礎にある宗教が違っていても似たような傾向になるようだ。

7-1　60年代以降、新時代の意識変革へ向かうものとして浮上した思想・運動(古くからあるものや、異文化からの移入も含める)

西洋の異教・オカルト系
【神秘思想】 占星術:ユダヤ形而上学カバラ;タロット;錬金術など
【キリスト教系神秘思想】 スヴェーデンボリ(18世紀の霊界探訪者)
【神智学系】 神智学(ブラヴァツキー夫人⇒第1章);人智学(神智学から派生した西洋化した修行法、ルドルフ・シュタイナー);グルジェフ(20世紀前半のロシア生まれの神秘思想家)など
【ケルト系異教】 ウィッカなど「魔女」の伝統を称するもの
【エッセイスト】 コリン・ウィルソン(秘教や呪術に関する著作⇒第7章)

東洋宗教・先住民文化系
【仏教系】 禅(50年代のビート・ジェネレーションより);チベット仏教(密教);テーラワーダ仏教など
【ヒンドゥー教系】 ハレー・クリシュナ;マハリシ・マヘーシュ・ヨーギー(超越瞑想);マハラジ(⇒第7章);バグワン・シュリー・ラジニーシ(のちにOshoと称する);ラム・ダス(⇒第7章)など
【中国思想系】 易経(「変化の書」)と陰陽思想;タオイズム(老荘思想ないし道教)など
【アメリカ先住民文化系】 カスタネダの疑似人類学レポート(⇒第7章)など
【その他】 イスラム神秘主義(スーフィズム);バハイー教など

精神療法・身体療法・代替医療系
【心理カウンセリング系】 ユング心理学の神話論およびシンクロニシティ論(⇒第8章);トランスパーソナル心理学(⇒第8章);各種の自己啓発セミナーなど
【東洋医学系】 気功、太極拳、鍼、灸、マッサージ、指圧など
【その他の代替医療系】 ホメオパシー(⇒第3章);オルゴン療法(性的・生命的エネルギーをめぐる疑似科学)など

超心理学・ニューエイジサイエンス系
【超常現象系】 各種の超常現象の「実践」(ESP、サイコキネシス、心霊治療、予言、交霊術など⇒第8章);ピラミッド・パワー信仰など
【ＵＦＯ系】 異星人のスペースクラフトとしてのUFOの信仰(⇒第6章)
【ニューエイジサイエンス系】 『タオ自然学』(物理学者フリッチョフ・カプラ);『生命潮流』(動物行動学者ライアル・ワトソン)など(⇒第8章)

カウンターカルチャーと「意識の変革」

ニューエイジの運動家は世に向かって「意識の変革」を提唱した。背景にある動機としては、六〇年代当時のアメリカ社会に勃興中の、政治的・社会的な反体制の気運がある。

六〇〜七〇年代、米国はベトナムで対共産主義の戦争をしていたが、その大義には曖昧なところがあり、米国内を含む世界各地で反戦運動が展開された（日本では反安保闘争が起きていた）。また、米国は自由世界のリーダーを自認しながら、黒人を差別する習慣や制度を根強く残存させていることが問題化していた。黒人の人権運動（公民権運動として知られる）としては、マーティン・ルーサー・キング・ジュニア牧師の、ガンディーに倣った非暴力闘争が広く支持を得ていた。

そんなわけで、六〇年代後半、アメリカの伝統的社会体制に対する批判が噴出したのである。反戦・体制批判をおこなった主体は、終戦直後のベビーブームの子どもたちだ。ベビー・ブーマーの政治姿勢の基本は、日本の団塊の世代と同様、資本主義批判や帝国主義批判などを旨とする左翼である（旧来の政党型左翼と区別して新左翼と呼ばれた）。

こうした政治的な反体制と連動して徐々に沸き起こってきたのが文化的な反体制である。

それまで中産階級の標準的ライフスタイルというと、髪を七三に分けてスーツを着て会社勤めをし、女子は家庭の主婦におさまり、テレビのホームドラマが見本を示す家電にあふれた豊かな暮らしを追いかけ、世間様から後ろ指をさされないように穏健に暮らすというものだったのだが、反体制の若者たちはそういった理想を侮蔑するようになった。

そのわかりやすい表現が、いわゆるヒッピー・スタイルだ。男女とも伸ばしっぱなしの長髪（と男子はひげ面）を世間様に見せつけ（体制によって「刈り込まれていない」野生を表現したのだろう）、ドラッグの幻覚にヒントを得た極彩色のシャツを着て、それまでは労働者やカウボーイの服装であったジーンズをはき、バンダナを巻いたり、ピアスをしたりする（階級差も性差も超越するのが理想であった）。みながみなこれを実践したわけではないが、一般人の身だしなみも多かれ少なかれヒッピー的要素を取り込むようになっていった（たとえば男子の長髪は当たり前のものとなった）[*31]。

また、ごりごりのヒッピーではなくとも、当時の若者の多くがドラッグをたしなみ、ロック音楽にひたり、フリーセックスに邁進した。世間様なんか糞くらえ、の意気である。

六〇～七〇年代当時、米国の主流の体制文化に対抗するような文化の動きはまとめてカウンターカルチャー（対抗文化）と呼ばれた[*32]。そのなかには、反戦、反人種差別、反帝国主義という政治的意識やヒッピー的ライフスタイルのみならず、当時芽生えつつあったフェミニズムないし男女同権の意識や、当時の科学界に急浮上した生態学ないし生態系（エコロジー）に対する認識なども含まれる。同性愛に対する解放の意識も含まれていたが、これが結実するのは二

○世紀末に持ち越された。

こうした意識変革の流れのいわば形而上学的部門として、七〇年代を通じて次第に声高に叫ばれるようになっていったのが、ニューエイジの標榜する宗教的な「意識の変革」ないし「意識の進化」である。というわけで、ニューエイジの大事な指標として、非キリスト教、組織的なユルさと並んで（あるいはその一側面として）、この意識の変容の提唱があるのであった。

当事者に言わせれば「意識の変革・進化」こそが、運動のいちばんのポイントである。それを旗印にするからこそ「ニューエイジ（新時代）」と呼ばれるわけだ。占星術では二〇世紀末

＊31　風俗的には（ロックの流行とあわせて）英国のバンド、ビートルズの影響が大きい。長髪というのも、ビートルズの看板であったマッシュルームカットを皮切りとして流行したものだ。ビートルズは一時ヒンドゥー系教団のグル、マハリシ・マヘーシュ・ヨーギーに「帰依」（？）の様子を見せた。

＊32　カウンターカルチャーについては竹林修一『カウンターカルチャーのアメリカ』を参照されたい［竹林］。その誕生、ＬＳＤとの関係、演劇、コミューン、東洋思想、映画のなかの描かれ方、ニュージャーナリズム、パソコン文化への引き継ぎ、その終結がまとめられており、五〇年代アメリカのビート・ジェネレーション（詩人アレン・ギンズバーグ、小説家ジャック・ケルアックなどの作家たちの先駆的運動）についてもくわしく書かれている。

ごろに（キリスト教に代表される権威主義的な時代である）魚座の時代から（神秘と友愛をモットーとする）水瓶座の時代へと天界の体制そのものが変わるとされる。一種のパラダイムシフトだ。六〇年代末のヒッピーは「水瓶座の時代（エイジ・オヴ・アクエリアス）」を標榜し、これをテーマにした歌も流行った。そうして七〇年代を過ごすうちに、もっと簡単な「ニューエイジ」という呼び名が一般化した。

政治運動からサブカルチャーへ

というわけで、ニューエイジの提唱する意識の変革は、政治的・社会的な体制変革運動と密接に関わっている。

すなわち、現代のあくどい資本主義的体制社会が、人種差別や性差別をおこなったり、帝国主義や植民地主義に走ったり、戦争をやらかしたりするのは、中世以来の権威主義的宗教体制や近代の物質主義の拘束的な働きによって人々の間に深いレベルの意識の麻痺が起こっているからであって、ぜひともそれを解放しなければならないというのだ[*33]。

それを達成するためには、表層的な生活改革だけでは不十分で、精神の深いところでの覚醒を必要とする。目標は個々人の意識の解放であるが、そのためには集団生活の変化も必要となる。意識の変革者が集まって共同体（コミューン）をつくるべしというのも、当時盛んに提唱された。ちょうどブッダの解脱をめざす運動がサンガ（僧伽）と呼ばれる出家共同体をつくったように。

ニューエイジには多様な流れがあるが、アイコン的シーンとなったのが、あぐらを組んで自然に対面して瞑想をする長髪の男女の姿だ。意識変革には瞑想が必要である。さらにアメリカ先住民文化に根付いていたように、幻覚性植物の摂取による超越体験も意識変革の引き金となるに違いない。ついでに、占いや超常現象やマジカルなもの、オカルト（秘教）的なものへの信仰や実践も、そこにカルチャーショックがある限り、意識変革の第一歩となるに違いない……。という次第で、標榜される意識の変革には、一方には政治的・社会的批判という側面が、他方には宗教的な回心の側面が、さらにその裏には、呪術的な奇跡待望（オカルト志向）の側面があるのだった。悟りのようなものが呪術のようなものと連動しているのは、密教などの場合

＊33　ちなみにニューエイジとは直接関係のない日本の連合赤軍なども、個人の意識の変革とそのための自己批判を求めた。彼らの場合、瞑想やドラッグ体験→スピリチュアルな覚醒ではなく、「総括」と呼ばれる自己批判→内面的な「共産主義化」ということになるが、発想的には似ている。九五年にニューエイジ系のオウム真理教が事件を起こしたとき、それをあさま山荘事件（一九七二）と比較することが盛んにおこなわれたのは、ニューエイジであれ新左翼であれカルト化すると似たようなところに向かうという、構造的類似があったからだ。

と同じだ。意識の変革はしばしば「意識の進化」として捉えられたが、この場合の進化は神智学や心霊主義で説かれる輪廻転生による魂の進化の形をとった。そこにはダーウィンの生物進化論に対する疑似科学的な曲解の要素もあった[*34]。

このように、非常にピュアなところのあるニューエイジのマインドには、けっこう子どもじみた魔法信仰が絡みついていたと言えるだろう。魔法信仰は欲得ずくにもなりやすく、資本主義を批判したわりには霊感商法型の資本主義に弱いところをもっていた。

一九七五年にはベトナム戦争が終わったが、ニューエイジのほうも政治運動的な側面から切り離されて、もっぱら自己変革をめざす、あるいはマジックやオカルトを信仰するサブカル連合のようなものとなり、それが今度は商業主義のなかに取り込まれていく。教会の体制を離れたニューエイジ流の宗教的個人主義は、やがて露骨なアメリカンドリームないし新自由主義流の上昇志向へと再編されてゆき、セレブが書いた輪廻転生体験の本がヒットしたりする八〇年代ごろになると、いったいどこからどこへ意識変革しようというのか、正体不明のものになっていく。いわゆる自己啓発はニューエイジ運動の派生物の一つだが、ここでは多くの場合「ビジネスで成功できる私」「勝ち組の私」への意識変革のようなものになっており、初期の左翼的体制批判のニュアンスは雲散霧消している。

本章後半にて詳述するが、九〇年代にはカルトの暴発事件が相次ぎ、またニューエイジおよびそれと密接に結びついていたいわゆるポストモダンの人文系の思潮がその非科学性を自然科学のほうから攻撃されるようになった。水瓶座の時代のきらきらした輝きは急速に失われていった。

かくしてニューエイジは、思想的な力は失ったが、文化のスタイルとしては主流文化に十分入り込むことができたし、キリスト教会や一神教の懐疑、瞑想系の東洋宗教や自然崇拝系の原始宗教の再評価というレガシーにも巨大なものがある。いまの時代は、欧米のみならず日本も含め、薄められた広い意味でのニューエイジ文化のなかにとっぷり浸っていると言っていい。

＊34　たとえばニューエイジの指南書としてよく読まれた歴史学者セオドア・ローザクの『意識の進化と神秘主義』には「ダーウィン主義の主目的は、信じられない神の、最後の痕跡にいたるまで生物学から追放することであった。しかしダーウィンの理論は古い神の代わりに、それよりももっと信じられないような神格を入れてしまう——全能なる偶然というものだ」と書いてある［ローザク］（一三七ページ）。この「偶然」の理解が進化生物学者リチャード・ドーキンスらが批判する当の問題であることはすでに第5章で書いた。ローザクの議論は何を言いたいのかわからない程度に荒れたものだが、左派であるニューエイジの論客も右派であるファンダメンタリストの論客も、科学の理解においては同程度の水準であったことがわかる。

7-2　『ビー・ヒア・ナウ』(1971)

ビー・ヒア・ナウ

ニューエイジのガイドとしてよく売れたのが――いまでもそこそこ売れているが――リチャード・アルパートという元ハーバード大学心理学教授が回心してラム・ダスとなって著作・編集した『ビー・ヒア・ナウ』［ダス］である。一九七一年刊行の英語原書はいかにもヒッピー時代の本らしく、わざわざ質の悪い紙に質の悪い印刷をして、わざわざ読みにくい文字色の部分もあり、「効率主義」の真逆を行こうとする癖の強い本だ。

四つの部に分かれており、第一部はアルパートがハーバードの教授をやめてヒンドゥー教のグルに帰依するに至ったいきさつを縷々《るる》綴ったもの。いわば「余はいかにしてニューエイジの旗手となりしか」といった感じの告白文学だ。これについてはあとで紹介する。

第二部は本の大部分を占める図版のパート。いわば小さなポスターの群れで、イラストとたくさんの標語的メッセージを通じて解脱のヒントを与えている。見開き二ページを単位として全部で煩悩の数だけの一〇八項目ある。本から切り離してそのまま壁に貼ってもよろしい。絵の感じは、日本でいえば横尾忠則、あるいは平河出版社や工作舎のブックデザインにありそうなタッチの絵だ（というか、それらがヒッピー・アートの影響を受けているわけだ）。

第三部は「クック・ブック」と称する部分で、主にヒンドゥー教系の修行ガイドである。グル、欲望、苦行、生活習慣、体位、真言《マントラ》、呼吸法、性的エネルギーの変換、超能力、コミューン、金銭……等々、修行者のための百科全書である。

第四部が関連文献一覧である。欧米人の書いた修行本もあれば、日本の禅者・鈴木大拙の本、仏教やヒンドゥー教の経典、ブラヴァツキー夫人の神智学の本、ダンテの『神曲』やヘルマン・ヘッセやボルヘスの小説までなんでも揃っている。

基本的にはニューエイジのなかのヒンドゥー教（および仏教や道教などいわゆる東洋宗教）の系統を代表するものであり、ニューエイジ運動全体のなかの一角ということになるが、それでも時代精神を教えてくれるものとして際立っている。このヒンドゥーっぽい部分を、坐禅修行に変えたり、ブラヴァツキーの神智学やルドルフ・シュタイナーの人智学に変えたり、超能力の練習や後述のカスタネダ流の人類学的フィールドワークに変えたり、アダムスキー流の金星人や火星人の説教に変えたりすると、ニューエイジを構成するさまざまな流派のバリエーションが現出するだろう。

ハーバード大教授からニューエイジのグルへ

さて、アルパートがヒンドゥーの行者になったいきさつだが、ここにあるのは、五〇～六〇年代のアメリカ絶頂期の物質主義的な「豊かな社会」に飽き足らなくなった精神の飢えの軌跡である。物質主義から精神主義へ、がその主たる筋だ。

ユダヤ系の家庭に生まれたリチャード・アルパート（一九三一～二〇一九）はスタンフォード大学で心理学を研究し、一九五七年に博士号を取得する。六〇年代初頭にはハーバード大学で心理学や精神分析などの教鞭を執り、精神分析医として活躍し、幻覚性薬物の心理学的効果などを研究していた。『ビー・ヒア・ナウ』の書き方では、彼にはかなりの収入があったようだ。豪壮な邸宅でパーティを開き、休暇にはカリブ海でスキューバダイビングをするという羨ましいような生活を送っていた。もとより裕福な家庭に生まれたのだろうが、米国の中産階級の間では精神分析がやたらと流行していたから、その収入も大きかったのだろう。

しかし、人生の成功者であったにもかかわらず、彼は違和感、不満感がつのるばかりであった。というのは、しょせん自分のガクモンが他人の学説の安直な折衷にすぎないことを自覚していたからだ。けっこうまじめである。

教授は数年にわたって鬱々とした日々を過ごす。いくつかのキノコに含まれる幻覚性物質「サイロシビン」の服用を試み、自己溶解の体験もするが、新たな覚醒はなかなか得られず、苦闘を続ける。

やがて彼は、サイロシビンを学部生に使わせたことが発覚し、大学を辞めさせられる。このあたり、教授はすでに市民社会の規範から逸脱するようになっていたようである。職と名誉の喪失は、アルパートを宗教の世界にのめりこませるきっかけとなった。元心理学教授は『チベットの死者の書』などを心理学と宗教との中間にある本として読むようになった。

精神の浮遊を続けていたアルパートは六七年にインドを旅し、すでにグルとなっていたアメリカ人の先達ヒッピー、バガヴァン・ダス（本名カーミット・マイケル・リグズ）に出遭う。さらにインド人のグル、ニーム・カロリ・ババ（別称マハラジ）と出遭ったところ、彼は聖人に自らの煩悩まみれの心を超常的に見透かされたように感じた。金とかセックスとか成功とか世俗の心を抑えきれない自分のことを「お見通し」であるばかりか、そんな自分を説教抜きで愛をもって迎えてくれる師に、心底参ってしまったのだ。

ちなみに、こうした母性的な「東洋の師」のイメージは、欧米人がインドや中国や日本の修行者——禅者やヨーガ行者など——に夢想しがちな典型的幻想だ（こうしたイメージパターンは後述するカスタネダの描くインディオの老呪術師の姿にも投影されている）。

結局、アルパートはマハラジに帰依し、ラム・ダス（「神ラーマの僕」の意）となった。これらはみな一九六七年中に起きたことらしい。

そしてアメリカに戻り、『ビー・ヒア・ナウ』を執筆編集して、その道の導師として有名になることができた。

つまりこれもまた一種の成功物語なのである。話の最後の流れが夢幻的なので、脚色も多いような気がする。世俗の学界で干上がった教授は、異教のグルになってしまえば、少なくともアメリカにおいてはその道で頭角を現せると手堅い計算をおこなったと考える者もいるかもしれない。

結局、ラム・ダスがどういう意味において悟ったのか、彼のグルたちの悟りがいかほどのものかはよくわからないのだが、少なくとも言えるのは、彼の奉ずる、欲望まみれの物質主義VS欲望を超越した精神主義という二元論的図式は、悟る前も悟った後も、終始一貫変わらないということだ。はじめ世俗の成功が虚偽にまみれていると感じ、それを超越するものがあるに違いないと信じ、やがてそのリアルモデルとして一人のグルを崇めるようになった。「成功↓挫折↓大成功」という弁証法的図式は、釈迦伝にもムハンマド伝にもアシジの聖フランチェスコ伝にも共通するパターンだ。

悟りの実質など誰にもわからない。しかし悟りの物語には人を惹きつけるものがある。それは革命の実質などわかったものではないが、資本主義↓共産主義の物語には人を惹きつけるものがあったのと同様である。

カルロス・カスタネダ──マジックのレトリック

ニューエイジを語るにあたっては、人類学者カルロス・カスタネダの著作、ドン・ファン・シリーズに触れておく必要がある。一つにはアメリカ先住民文化への注目を高めたものとして、一つにはドラッグ文化に影響を与えたものとして、一つには当時の呪術・オカルト的な流行を助長したものとして、また一つには当時のポストモダンと呼ばれる人文系の学術的言説に刺激を与えたものとして、大きな存在感を放っているのだ。『千のプラトー』を共著したポスト構造主義の論客ドゥルーズとガタリが注目したことでも知られ、日本でも社会学者の真木悠介(見田宗介)や宗教学者の中沢新一などの紹介を通じて、カスタネダは八〇年代には一種の思想的流行を呼んでいた[真木、中沢、鶴見]。

ここでドン・ファン・シリーズと私が呼んでいるのは、『呪術師と私』『呪術の体験』『呪師に成る』および『未知の次元』(いずれも邦訳タイトル)のことだ(原書の刊行年はそれぞれ一九六八、七一、七二、七四)[カスタネダ①〜④]。いずれも、カリフォルニアに住む若き人類学者カスタネダが、アメリカ先住民族・ヤキ族の呪術師であるドン・ファン(ファン・マトゥス)なる人物をインフォーマントとして、伝統文化としての幻覚性植物の使用や、それにまつわる精神的・宗教的な教えを学ぶという体裁で書かれたエッセイである。

初期の著作は人類学のレポートのような体裁で書かれている(調査年は概ね六〇年代となってい

る）が、基本的にはすべてフィクション――一種のファンタジー文学――だろうと言われている。専門の人類学者の目から見て奇妙な点が多々あること、フィールドノートのきちんとした開示がないこと、カスタネダに近しい者がドン・ファンの実在性を疑っていること、怪しげな超常現象の記述がたくさん含まれていることなど、不利な証拠が目白押しなのだ。フィクションと考えるのが妥当だろう。カスタネダには何らかのフィールド経験があるのだとしても、著作そのものは小説的創作だということだ。[*35]

物語は次のようにはじまる。

一九六〇年のこと、UCLAの人類学の学生カスタネダはアメリカ先住民社会における幻覚性植物の使用法に関して論文を書こうと思い、くわしいインフォーマントを探していた。やがて彼はあるインディオの老人に出遭う。それがドン・ファンである。彼はメキシコによくいそうなふつうの田舎の老人なのだが、じつは先祖伝来の呪術の道にくわしい達人なのであった。歳に似合わず動作が機敏であり、頭の回転が速く、言葉遣いは機知にあふれている（スペイン語での対話を英訳したという体裁で記述されている）。

最初カスタネダはペヨーテ（ウバタマサボテン）、ダツラ、マジック・マッシュルームなどといった幻覚性植物の効用と、部族社会におけるその利用法を学術的に知りたいと思っていただけなのだが、ドン・ファンは、そういった百科事典的理解を求めているだけでは事の本質は何もわからないのだとばかりに、このよそ者に次々と謎めいた言葉を浴びせかけ、翻弄する。どうやらカスタネダは、学術的データの採取者ではなく、呪術文化を全身で浴びる本気の弟子にならなければならないらしいのであった。

未熟な弟子に根本的な認識の転換を迫る老練な師という構図は、たとえば禅の老師の語録（対話的記録）などに見られるパターンである。ジャック・ケルアックなどビート・ジェネレーションにとっての鈴木大拙とか、『ビー・ヒア・ナウ』のアルパートにとっての聖者マハラジ

＊35　カスタネダの怪しさについてはデ・ミル他著『呪術師カスタネダ』の考察が説得的である［デ・ミル］。カスタネダに啓発を受けた日本の宗教学者、島田裕巳の見解は、こういった点については断言できないという立場のようだ［島田①］。この問題に関して私がいつも思い出すのは、作家アーシュラ・K・ル＝グウィンのファンタジー『ゲド戦記』（原題 *Earthsea*）［ル＝グウィン］である。ドン・ファン本と同時期に刊行されたものだが、呪術に深層の意味を与え、アメリカ先住民文化（らしきもの）と東洋思想（らしきもの）を橋渡しし、ニューエイジ世代に大きな影響を与えたという点で、似たところがある。人類学者の家庭に生まれたル＝グウィンはアメリカ先住民文化と中国の老荘思想にくわしく、彼女の訳による老子の『道徳経』はいまでも読まれている。私としては、小説家ル＝グウィンにアースシーの物語が書けるなら、別の小説家にドン・ファンの物語が書けても少しも不思議ではないと思う。

も、そのような種類の賢人であった。一九世紀の神智学の流行以来西洋人がつくり上げてきた――そして東洋人のほうでもそれに合うように演じてきた――こうした「東洋の賢人」のキャラクタータイプを、カスタネダはインディオの老賢者の造型に応用したのではないだろうか。

超常現象問答①

さて、この老賢者の思想がどれほど新しく、また奥深いものであるかはともかく、ドン・ファン対話篇の注目点は、幻覚性植物の起こす――のちには植物の使用なしでも起きるようになる――超常的な体験をめぐる思想的問答にある。なにせドン・ファンは呪術師なのだから、読者としては超常現象の意味と効用について知りたいと思うだろう。で、そここそがカスタネダ本のキモなのである。

カスタネダは一つずつ植物の使用法を学んでいくが、その際に幻覚体験をする。おそらくは脳の生んだ主観的印象なのであるが、しかし体験したカスタネダにはただの主観には思えない。あるとき空を飛ぶ体験をしたカスタネダは、それが実際に起きたことなのかどうかはっきりさせようと思い、ドン・ファンに尋ねる。

師は、起きたとも起きなかったともつかないような言い方で、カスタネダをケムに巻く。真偽問題そのものに触れず、そうした問題とは別の次元に目をとめよと諭しているようにも聞こえる。ドン・ファンの切り返し方はとてもレトリカルで、禅語録の描く老師のような頭脳の冴えを感じさせる。あるいは小説家カスタネダの筆致が冴えていると言うべきだろうか。

『呪術師と私』から引用してみよう（一五二～一五四ページ）［カスタネダ①］。

「ぼくは本当に飛んだのかい？」

「お前が自分でそう言ったんじゃないのか？」

このやり取りはキリストが裁判のときに「お前はユダヤ人の王か？」と聞かれて「あなたがそう言う」と言い返す福音書の問答を思わせる。クリスチャンの読者に向けて、これから神学問答（こんにゃく問答？）がはじまるぞという合図であるようにも見える。

「鳥が飛ぶみたいにかい？」

「ちがう。草をやった人間として飛ぶんだ」

「鳥が飛ぶみたいに」とは物理的に飛ぶということ、「草をやった（＝幻覚性植物を摂取した）人間として」とは幻覚として飛ぶということだろうか。だとすると、ドン・ファンは幻覚の物理的事実性を否定したことになる。

しかし、「草をやった人間として」は単にそれが幻覚だということを意味する否定的な表現ではないようにも思われる。むしろ「ヤキ族の呪術の作法に従った人間として」とでも言うような積極的ニュアンスがあるのではないだろうか。

後者である場合、さらに、「呪術の作法に従うならば↓物理的に飛べる」というふうにも「ヤキ族の文化に従うならば↓それは〝飛んだ〟と解釈される（つまり物理的には飛んでいない）」というふうにも理解できる。いったいどっちなのだろうか。

ドン・ファンは続ける。


「お前の悩みの種は、ものごとを一つの方向からしか理解せんことだ。お前は人間が飛ぶとは考えない。だがそれでもブルホは、何が起きているか見に一秒に何千キロも動けるんだ。遠くの敵に決定的な一撃を与えることもできる。としたら彼は飛ぶか？　飛ばないか？」

この説明は言葉の流れとしておもしろいのだが、これではやはり事実性の問題は解決できない。これは「カスタネダは飛ぶのは幻覚だとばかり理解しているから、本当に飛んでもそのことを確信できずにいるのだ」、しかし「ブルホ（ヤキ族の呪術師）は飛んだも同然の奇跡をやってのけるのだ」と言っているように聞こえる。この「飛んだも同然のこと」つまり「何が起きているか見に一秒に何千キロも動く（テレポート？）」「遠くの敵に決定的な一撃を与える（テレキネシス？）」というのが、物理的事実を言ったものなのか、文化的解釈（一種の比喩的理解）として言ったものなのか、依然として不明である。

いったい「物理」の話をしているのか？「文化」の話をしているのか？「物理」は「文化」次第でどうにでもなるという話をしているのか？ 識別の手がかりはない。

もしこのうちの三番目だとすると、ドン・ファンは「病気は治らないと思う人にとっては治らない。治ると思う人にとっては治る」という、クリスチャン・サイエンスか生長の家のような世界観を披露していることになるだろう（コラム④参照）。

超常現象問答②

だからカスタネダは、食い下がって尋ねずにはいられない。

「ぼくの友達二人が、夕べみたいにぼくの飛んでいるところを見て、ぼくが飛んでいることに同意するかしらっていうことなんだ」

「そう、同意するだろうな。（中略）鳥の場合なら飛ぶことはあたりまえのことだ。だがお前は鳥が他のことをするのは認めないだろう、それはお前が鳥がそういうことをするのを見たことがないからだ。お前の友達もデビルズ・ウィードを使って人間が飛ぶってことを知っていれば、同意するだろうよ」

カスタネダが「ぼくの友達」を出してきたのは、ヤキ文化に属する人間以外の視点ではどうなのかと聞きたかったからだろう。つまり聞きたいポイントは、文化の解釈の違いによらない物理的事実の確認である（ちなみに、「ぼくの友達二人」とあるのは、キリスト教文化圏において、啓示や奇跡の証人を最低二人とする伝統によるのかもしれない。キリスト教系新宗教の勧誘員がたいてい二人連れで歩いているのもこれと関係がある）。

ここでドン・ファンが「鳥」の観察のことや、「デビルズ・ウィード（幻覚性植物）」の使用法のことを述べているのは、物事の認識には予めの体験的知識が必要だということを言いたいがためであるように思われる。つまり、ヤキ族に生まれなくても、（「鳥」や「デビルズ・ウィード」に関する）先行の知識があれば、「飛ぶ」ことに同意できるだろうと。

しかしこれでは、先ほどの疑問はやはり解消されない。先行する知識があることによって、出来事の解釈が変わるという話なのか、出来事そのものが変わるという話なのか、やっぱりわからないままだ。

これではいつまでたっても平行線である。カスタネダはあくまで物理的事実を知りたい。そこで彼は次のような文字通り即物的な聞き方をする。

「別な言い方をしよう、ドン・ファン。ぼくの言ってるのは、もしぼくのからだを重い鎖で岩に結びつけていたとしても同じように飛んだだろうってこと」

「からだを岩に結んだら、わしはお前が重い鎖のついた岩を抱いて飛ばにゃならんことが心配だ」

なんだかはぐらかされたような返答だが、ドン・ファンのこの言葉によっても、私たちの問いへの答えは得られない。というのは、「重い鎖のついた岩を抱いて飛ぶ」ということ自体が物理的事実としても、幻覚としても理解できるからだ。

結局、ドン・ファンが教示しているのは、カスタネダがどのように問いを工夫してみても、物理的事実にはついに触れることができないということなのだろうか？

このように、対話は最後まで平行線のままだったが、読者はなんだかドン・ファンに一本取られた気がするだろう。ユーモアの巧みなドン・ファンのほうがカスタネダより力量的に上であるように感じられるのだ。

かくして読者はすっかりケムに巻かれることになる……ドン・ファンはどうやら深淵なことを言っていそうだ。なんだか東洋の賢者の物言いに似ている。超常体験については、結局よくわからないが、あっさり否定されたわけではない。ひょっとして奇跡はあるのかもしれない。文化による認識の違いが問題になっているようだが、それと物理的事実性の問題とが区別できるのか区別できないのか、そのことを考えるのもお手上げだ。ううむ、やっぱり奥が深い……と。

ここでオカルト好きの人はオカルト的解釈（超常現象が文字通り起きたという解釈）に気持ちが傾くだろう。他方、少し哲学をかじったことがある人文系の人は、ここで「事実の認識はあくまでも相対的条件によって決まる」といったようなことを考え、そこから「文化によって真実は違う」という文化相対主義や、「科学的事実もパラダイムによって違う」というパラダイム主義の方向に意識が向かっていくだろう。

なにせポストモダンとかポスト構造主義とか言われたこの時代は、ミシェル・フーコーの言説論などにしたがって、人々の認識をどこまでも相対化していく、しまいには科学的事実すら相対的だというところまでいきそうな、そんな時代だったからだ。

こうした認識の眩暈が、ヤキ族の老呪術師の言葉の魔法から現出することが可能だったとしたら、それはすごいことだ。あるいは作家カスタネダの筆先一つで現出することが可能だった

7-3　呪術師ドン・ファンとの対話（小説家カスタネダのレトリック）

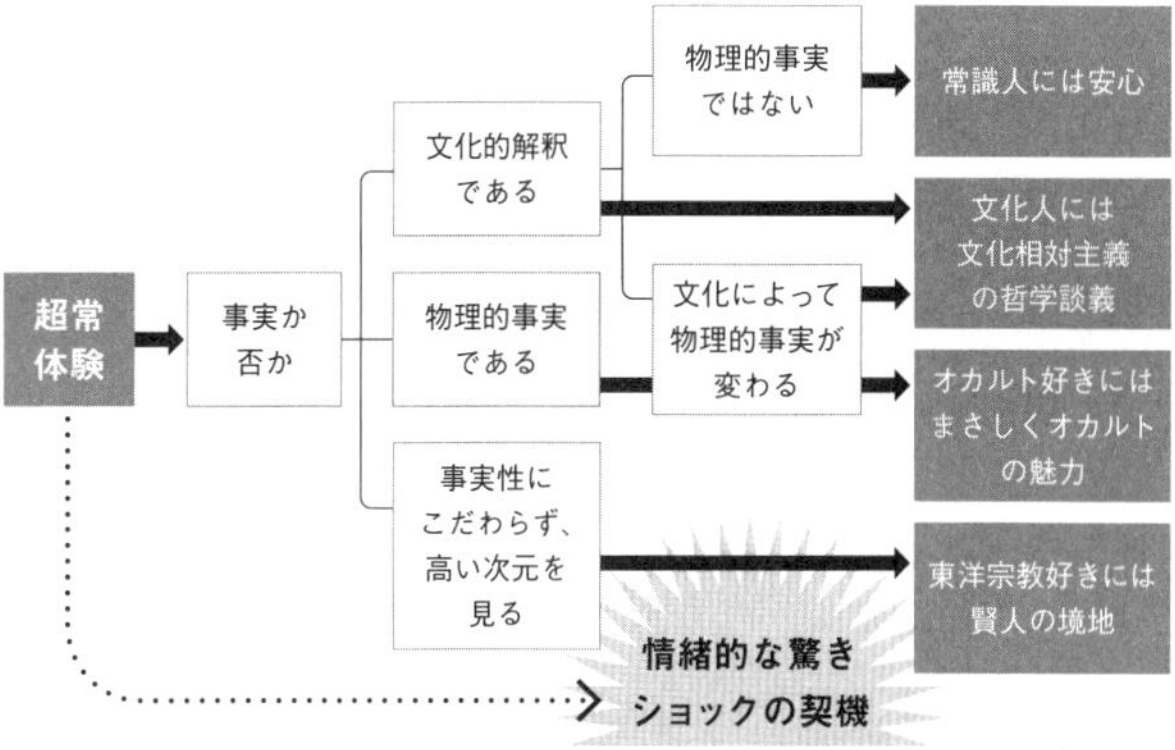

のだとしても、それはやはりすごいことだ。

後の巻ほどそうしたマジカルな描写が濃くなってゆき、しかも幻覚性植物の使用抜きでマジカルな現象が起きるような書き方となる。メキシコシティの街中で瞬間移動を体験するとか、自動車が消えてなくなるとか、ドン・ファンとは別の人物がまるっきり奇術のようなことをやってみせるとか……。それでいて、事実はどうだったのか、やっぱり判然としない。読者は眩暈にとらわれたままとなる……。

優れた宗教的テキスト？

事実か事実じゃないのかわからないという書き方には、次のような大事な側面がある。一つは、ドン・ファンが、現象世界の事実性の問題とは別の次元を「見よ」とカスタネダと読者を誘っているように思われることだ。これは、ドン・ファン哲学の実存主義的な奥深さを暗示する。[*36] つまり「〜である」「〜でない」という問題に読者が釘付けになるのをよそ目に、「〜であろうと〜でなかろうと、肝心なことはあなた自身のあり方のほうだ」というメッセージを発していることになるのだ。

これはまさしく禅問答型のメッセージである。たとえば禅者の鈴木大拙は、アメリカ人の聴衆を前に「『旧約聖書』に、神が〝光あれ〟といわれて夜と昼とが生じた、と書いてあるが、いったい誰がそれを見ていたのだ」と問いかけたと言われる。ここで「神の天地創造を見た者がいるはずはないので、創世記は嘘をついているのだ」とこの東洋人は言おうとしているのだと、クリスチャンの聴衆は考えるかもしれない。しかし大拙は次にこう言ったのだった。「わしが見ていたのだ、このわしが」。聴衆はポカーンと口を開けていたのだとか（『秋月』（上）五四ページ）。

つまり、創世記の記述は事実か事実じゃないかという問題に聴衆が縛られているときに、その問題をニュートラルに「見て」いる大拙あるいは聴衆の「自分自身」のありようがむしろ肝心な問題だと、大拙は言っているのである。そもそも、神が〝光あれ〟といわれて……と耳にしたときに、その言葉の描く光景を「見て」いたのは聞き手自身だったのではあるまいか？禅は常に自分自身を問うものだと言われている。

禅に限らず、一般に宗教にはこのような思考をもつ。「奇跡はあるのですか？　ないのですか？」と信仰者に尋ねてまわったとき、「信仰はそんな問題を超えたところにあるのです」と答える信者が必ず現れる。信仰にとって結局のところ大事なのは、「トゥー・ビー？」オア「ナット・トゥー・ビー？」というハムレットばりの問いに答えることではなく、信者がどのような人間であるのか、どのような人間になったのかだからだ。

ドン・ファンの相手をはぐらかすような物言いには、こんなところまでが含まれていると解釈できるわけである。なるほど、奥が深そうだ。

しかしまた、小説的レトリックとしての真骨頂は、むしろそういう深そうな教えが、超常体験という話題とワンセットで提示されている点にあるのである。ポイントはやはり超常体験である。オカルトだ。

ここでなぜオカルトがついて回らなければならないのか、次のように考えてみよう。

一般に、禅者などのいう「自分自身」の問題に気づくためには、自分自身の生存が脅かされ

＊36 真木悠介は『気流の鳴る音』の中で、通常の世界の見方と呪術師の世界の見方の間に入り込み、世界の自明性を解体するドン・ファンのやり方（「見る」「世界を止める」「明晰の罠」など独特なドン・ファン用語がある）にフッサールの現象学的判断中止やレヴィ＝ストロースの人類学的判断中止、マルクスの経済学的判断中止（脱物象化）の契機を読み取っている。そういう哲学的な方向での読み取りもたしかに可能かと思う［真木］。

たときがいちばんの契機となるだろう。たとえば病気や事故や犯罪や戦争で「死にそうだ」というときである。死を前にしたとき、他のあらゆる問題はフッ飛んでしまう。死こそが自己を極める契機である。ここで、ソクラテスが「哲学は死の練習である」と言ったとか、『葉隠』に「武士道とは死ぬことと見つけたり」と書いてあるとか、そんな言葉を持ち出す人もいるだろう。

死の話題は重苦しすぎるというのであれば、なんでもいいから、びっくりするような「驚き」が自己に目覚めるよい契機となる。「哲学は驚きからはじまる」という言葉もあるくらいだ。[*37]

で、超常現象や奇跡というのは、まさしく驚きを喚起するものである。もしあなたが、空を飛べてしまったのなら、あるいは空中浮遊している人間を見てしまったのなら、ひとまずあなたは常識や科学の世界から離脱するだろう。あなたは、「どんな常識もあてにならないような」無定形の空間に放り出され、そこで自分自身と向き合うことになるかもしれない。

だからこそ、一般に宗教は、一方では深淵そうなことを説いていながら、他方では、奇跡だの呪術だの加持祈禱だのにかかずらわっているのである。火渡りの儀式で火を渡れるということと、悟って即身成仏するということとがなぜかくっついているのが宗教というものなのだ。

というわけで、もうおわかりのように、カスタネダの語る物語が、なんだかんだといってオカルトめいた話であるのは、単にニューエイジ系の読者の気を引かんがためだけではないのだと解釈できるのである。むしろ一個の宗教を旗揚げするに際して必要な手続きを踏んだというふうに理解することが可能なのだ。

マジック文化の帰結

繰り返しになるが、ニューエイジであれ、カスタネダであれ、それらは呪術（超常体験を引き起こす技とされるもの）に対する期待感というか、親和性のようなものが非常に強いことを特徴としている。**「意識の変革」「意識の進化」という大義のためには、何であれ常識から離脱することが求められており、呪術ないしオカルトはこれにうってつけのテーマだった。**あるいは単にオカルトがやりたくて、意識の変革を言い訳にしたものか。

コリン・ウィルソンのやたらと分厚い『オカルト』（一九七一）は、テレパシーから占いまで、カバラからブラヴァツキーまで、アトランティスから空飛ぶ円盤まで、古今のオカルト的伝統や魔術や霊媒や超常現象信奉者の様子をこれでもかこれでもかと羅列的に書き記していった本

＊37　「死の練習」のほうは『パイドン』、「驚き」正確には「驚異（タウマゼイン）」のほうは『テアイテトス』と、どちらもプラトンのソクラテス対話篇が典拠。

だが、著者自身とこの時代のオカルト待望の意識をありありと教えてくれるものとしてたいへん興味深いものだ。
『オカルト』の翻訳者・中村保男の論考によれば、ウィルソンの主張の特徴は「意識の拡張」と「オカルト」が結合しているところにある。

……ウィルソンの主張は、いわば「超意識」の育成ということなのだ。彼は自分は「オカルティスト」ではないと書いている。『オカルト』という大著を書きながら「オカルト主義者」ではないと宣言するのは一見、奇妙なことだが、彼の真意は、自分は超能力者が念力でスプーンを曲げたりすることに直接関心を寄せているのではなく、自分でこういう超能力をもちたいと願っているわけでもない——ただ、そういう力が人間の内部に潜在しているという事実から、人間は平素生きている狭隘な自己中心の世界を脱け出し、自分を取り囲んでいる広大な宇宙の中へ没入することもできるのだということが自明の理となる、という点に関心をもっている——そうウィルソンはいいたいのであろう。（中村保男「オカルト思想と人間について」『ウィルソン』六〇八ページ）

ウィルソンの世界観によれば、人間はそもそも「X機能」（いわゆる第六感的なマクロなビジョンの能力）を持っているのだが、それを自覚していないというのがいちばんの問題なのであると。それは文明を築き上げるのにこれまで必要であった集中的で顕微鏡的な意識が邪魔しているからなのであると。そういう意識の狭隘化は必要悪であったが、物質文明がほとんど完成した現在求められるべきは、潜在的なオカルト能力へ向けての意識の拡大、意識の進化なのであると。そしてそれは（現在の科学とは矛盾するようであっても）未来の科学となるべきものなのである……。

たいへん勇壮な展望であるが、しかし、その未来の科学となるべきものについて中村氏は「たとえばスプーンを念力で曲げるとか、念写とか、いかさまでないことが証明できる条件のもとで実験された行為や現象は、一応、科学的なものとみなしてさしつかえあるまい」などと書いている。ここでユリ・ゲラーのスプーン曲げが出てくることに、いまの人間は笑ってしまうだろう。

ニューエイジやカスタネダの流行というのも、こういう、日本で言えば『木曜スペシャル』（日本テレビ、一九七三年より）や『水曜スペシャル』（NETテレビ、一九七六年より）などの大ヒットと連動した現象だったのである。中村氏は、のちのちオウムの教祖にも影響を与えることになった阿含宗の桐山靖雄氏の書物なども、オカルトの真正性のエビデンスとして挙げている。

オカルトからカルトへ

一九九〇年代に時代の雰囲気はガラリと変わった。冷戦終結、イスラム主義台頭、パソコンとネットの情報革命、自然科学の急速な発展、新自由主義等々によって社会・経済的状況が大きく様変わりした。六〇年代に構想されたニューエイジのおそろしく牧歌的な「意識の拡張」の御伽噺などでは人々を統合できる時代ではもはやなくなったということが大きいと思われるが、九〇年代に連続的に起きたカルト集団の暴走事件が、人々の宗教熱・オカルト熱を一挙に冷やしたというのも大きかった（そうしたカルトはニューエイジ系とは限らないのだが）。

・九三年：終末教団「ブランチ・ダビディアン」武装闘争（テキサス、死者八〇人以上）。
・九四年：秘教信仰教団「太陽寺院」集団自殺（スイス、カナダ、死者五〇人以上）。
・九五年：オカルト仏教教団「オウム真理教」地下鉄サリン事件（日本、死者一三人、負傷者六〇〇〇人以上）。
・九七年：UFO信仰教団「ヘブンズゲート」集団自殺（カリフォルニア、死者三九人）。

八〇年代のポストモダン時代においてもてはやされたオカルト的信仰が「洒落にならな」くなったのを実感させたものとして、オウム真理教事件についてとくに言及しておく必要がある。

これは日本の教団だが、日本の伝統仏教と結びつかないチベット仏教系の密教修行を中心に据え、各種のニューエイジ系のオカルトやグル麻原彰晃（本名松本智津夫）の陰謀論的な教えが混然となったもので、その密教修行のあたりからしてすでにニューエイジ的に変容したものであった。

八〇年代には麻原は雑誌「ムー」「トワイライトゾーン」などに載った空中浮遊写真や予言などの記事で信者を惹きつけていた（空中浮遊といっても、フワリと何メートルも優雅に漂うものではなく、尻の筋力で一瞬バッと飛び上がっただけのものだ）。オウム真理教という名称になったのは八七年、宗教法人となったのは八九年である。麻原は最終解脱者を名乗り、高額な修行メニューで稼ぐようになった。八九年には、教団は入信者の親たちからの訴えを扱っていた坂本堤弁護士を、妻や子どもとともに殺害した。九〇年には衆院選に候補者を出したが全員落選し、「権力による不正選挙」という、いまやトランプ氏の妄言などで当たり前のように聞かれるようになった陰謀論を展開するようになった。九三年には炭疽菌を都内に撒き、九四年にはサリンを松本市に撒き、そして九五年に有名な地下鉄サリン事件を引き起こす。都内を走る日比谷線、丸ノ内線、千代田線の地下鉄車両の中でサリンを撒いたのだ。他にも多数の事件を引き起こしており、オカルトの巣窟でも犯罪の巣窟でもあるような、それでいて当人たちの意識では、まさしく意識の革命をめざす修行集団なのであった。

個々の犯罪プロセスのいったいどこまでが修行のロジックから生まれたもので、どこからがグルを中心とするカルト的権力構造がもたらしたものであるのか、明瞭に事分けて述べるのは難しいだろう。なお、殺人の言い訳として使われたポア（ポワ）という概念は、チベット仏教の一部における、他者を救うために——仏教では死ねば転生する——あえて殺害するという思想に由来するものだ（行くべき来世を浄土などへと格上げしてやるのだ）。この概念を麻原は便利に用い、本来は地獄に堕ちるべきであった者をもっとよい世界に転生させるという、最強の殺人正当化論理としたのだ。宗教の論理空間は物理的現実の制約を超えているから、現世的観点からはどんなに危険な主張だって生み出しかねない。それらを実行する集団をカルトと言うわけである（「カルト」の語源は「祭儀」だが、これが「特異な信仰」の意味に変わり、最終的に反社会的な教団を指す符丁となった。紛らわしいが、「オカルト」とはまったく別の言葉である）。

ニューエイジの理想では、意識の拡大（悟り）とオカルト現象（超常体験）と科学テクノロジーとが美しく融合するはずだったのだが、オウムのケースはまさしくそうした未来図をディストピア的にひっくり返したものだと言えるだろう。彼らは意識の拡大を目指す修行者集団である。オカルトを本気にするという点ではコリン・ウィルソンやカスタネダ信奉者の直系の子孫である。そして科学テクノロジーについては……こちらはひどく現世主義的に、物理学・化学をストレートに実行したからこそサリンだって製造できたのであった（まるでイスラムのテロリストが夢想だけは宗教的、武器に関してはまるっきり現世主義的であるのとパラレルである）。

大事な点は、こうしたカルトに見られる曖昧なオカルト意識は、八〇年代〜九〇年代初頭においてー般社会も共有していたということだ。事件が発覚する前、中沢新一は麻原をけっこう有能な宗教者として評価していたが、それは結局、麻原のかなり無謀なオカルト的発言を「方便（心理効果を狙ったレトリック）」であると理解していたからだろう。しかしそれはあまりにリベラルかつ優等生的な理解だった。嘘ともホントともつかぬところを楽しむカスタネダ的著作やカスタネダ的読解を称揚する八〇年代の人文系の精神には、こうした落とし穴が待っていたのだ。

やはり、**物理的事実の話なのか、文化的解釈の話なのかといったような、この上なく野暮な追及は、いつの場合も欠かさないようにしたほうがいいのである。これがニューエイジ・ブームの最大の教訓だ。**

これはカルト問題を超えて、宗教一般にも、トランプ劇場のような政治的レトリックにも通ずる問題である。教理や教典や政治家の発言にはしばしば明白な誤謬が含まれている。これを大目に見ることが許されるのかという問題は、二一世紀のポストトゥルースの時代になって、にわかに深刻なものとなった（終章参照）。

コラム⑦ 真逆を行った二人のユダヤ人——ラム・ダスとウディ・アレン

リチャード・アルパートはユダヤ人の家庭に生まれたが、信仰というものはなかったと告白している。ユダヤ人男児が一三歳で受ける成人式バル・ミツヴァの際も、空虚な儀礼にしか感じなかった。ユダヤ人が一般にそうであるように、先祖伝来の儀礼的戒律のなかで育てられたわけだが、そこに精神性は感じられなかったのだ。

ここで私が思い出すのが、一九三五年生まれのユダヤ人コメディアン、ウディ・アレン（本名アラン・スチュアート・コニグズバーグ）だ。彼もまた、教授と同様、子ども時代から信心はなかったらしい。二次大戦中のあるユダヤ人一家の暮らしぶりを描いた『ラジオ・デイズ』（一九八七）を見ると、ニューヨークはブルックリンに住む主人公（ウディに相当する）の一族のおじさんが、贖罪日なのにラジオを大音量で聴いている隣家に文句を言いにいって、ずいぶんたって戻ってくると、驚いたことにその隣人の無神論にすっかり感化されている。聖書で禁じられた貝料理まで食べたと言い、「われわれと想像上の存在（注、神のこと）とは関係がない」などと言って家の者を嘆かせるのだが、すぐにも神様のバチがあたり、胃の具合が悪くなってへたり込んでしまう。まあ、つくり話だろうが、ウディ・アレンにとっても彼の家族にとっても、宗教とは要するにその程度のものだったと考えていいだろう。

ウディ・アレンがアルパート教授と違うのは、そのまま無神論を売り物にしたコメディアンとして七〇年代くらいからヒットを飛ばすようになったことである。若いころは（一種のカウンターカルチャーとしての）セックス・ギャグで有名だったが、信仰や無神論をめぐるネタも豊富で、やがてその洞察の鋭さから真剣な評論の対象となる大物監督の一人となった（彼はユダヤ教をパロディにするのだが、キリスト教徒の監督がそれをやると民族問題になるので、ウディ・アレンの存在は懐疑主義の裾野を広げるうえで貴重であるとも言える）。

アルパートの宗教心とウディ・アレンの無神論は方向としては真逆である。しかし、肯定であれ否定であれ、どちらも宗教にこだわりがあり、どちらも精神分析の創始者であるユダヤ人フロイトの影響を強く受けている。むしろ一神教的な神から離脱したアルパートよりも、無神論とはいえ神の問題にこだわり続けているウディ・アレンのほうがずっとユダヤの本流に近いかもしれない（ユダヤには神に逆らうという伝統があるといって彼を擁護する人もいる）。

他方また、アルパートのように東洋宗教を志向するユダヤ人はけっこう多いとも言われる。旧約聖書の戒律の字義通りの実践に一年間挑戦した様子をコミカルに描いたユダヤ人のA・J・ジェイコブズもそんなことを述べている。彼の『聖書男《バイブルマン》』によると、親族のある男性は一族に欠ける信仰心をひとえに背負ったような人物で、ヒンドゥー教のグル、日本の神道家、再生派のクリスチャン、イスラエルの超正統派を次々はしごしたのだそうだ（左派のニューエイジと右派の原理主義の両方をやったのである）。

ちなみに、七〇年代のウディ・アレンの映画を見ていると反体制的な雰囲気はあるのだが、ニューエイジ的なものはパロディとしてしか出てこない。アカデミー賞受賞作品『アニー・ホール』（一九七七）では、カリフォルニアのイカれた文化という扱い。これがまあ、七〇年代当時の一般社会がニューエイジに抱いていたイメージなのだろう。『ハンナとその姉妹』（一九八六）には、成功したテレビディレクターのユダヤ男が死への不安からカトリックやニューエイジ系のヒンドゥー教団に改宗しようとしたりする挿話がある。『アリス』（一九九〇）では、金持ちに嫁いだカトリックのお嬢さんが中国系の代替医療師の調合する妙薬で透明人間になったり死んだ恋人と遭ったりする。『恋のロンドン狂騒曲』（二〇一〇）では、日々の煩悩から人生の行き詰まりに陥る家族たちを尻目に、ニューエイジ系の占いやら交霊術やらにはまって超脱的になっていった老婦人がソウルメイトと出遭ってハッピーエンドを迎える。ニューエイジ系のものは笑いの対象となるか、コミカルながら軽く肯定的に扱われるかというところだ。まあ、健全な判断だろう。ニューエイジ系の文献を読んでいると、七〇～八〇年代にはアメリカじゅうがヒッピー熱に浮かされていたかのような錯覚に陥るが、そのあたりバランスをとって眺めていく必要がありそうだ。

第8章　科学か疑似科学か？——ESP、共時性から臨死体験まで

超心理学とガンツフェルト実験

第3章で見てきたように一九世紀中ごろにはじまる心霊主義（spiritualism）あるいは交霊術のブームはやがて心霊研究（psychical research）すなわち心霊現象に関する科学的研究を生み出したのだった。そこでは、心霊のみならずテレパシーなど超能力の研究もおこなわれた。当事者たちの間では華々しい成果を収めたと信じられることもあったが、二〇世紀に入ってしばらくすると科学界でも一般世間でもあまり話題に上らなくなり、過去のエピソードになってしまった。

しかし一九三〇年代に、超能力研究をめぐる新たな動向が現れた。米国はペンシルヴェニア州に生まれシカゴ大学で哲学、心理学、生物学を専攻したジョゼフ・バンクス・ライン（一八九五〜一九八〇）が「超心理学 parapsychology」という学問を提唱したのだ。ラインはデューク大学に超心理学専門の研究室を開いた。

超心理学においては、詐欺のおこなわれる余地がたっぷりある交霊会の調査ではなく、大学の研究室における制御された実験をおこなう。被験者も、自他ともに霊媒として名高い人間ではなく、ふつうの一般市民である。見世物師としての霊媒の所業から離れて、人間という生物種一般の「隠れた能力」探しに徹するというふうに、研究のスタンスを定めたのだ。

超心理学はかなり地味な学問である。テレビ特番の超能力者がやってみせるような派手な超常現象の類とはいっさい無縁だ。「霊」の働きという宗教的な前提からも離れている。単調で無機質な実験を幾度も繰り返し、統計的にかろうじて超能力らしき、つまり通常のやり方では説明のつかない微細な傾向を検出しようとしている。

成果のほうは？

統計上の微細な超常的な傾向の検出は「あった」とされる。ただしそれにも疑義が出されている。かなり苦しいところだ。

超心理学の扱う超能力現象は、テレパシー、透視、予知など認知関係のＥＳＰ（extra-sensory perception 超感覚的知覚）と、物体を動かす念力に相当するＰＫ（psychokinesis 観念動力、サイコキネシス）の二大分野に分かれ、合わせてサイ（psi）と呼ばれる。第４章の御船千鶴子が得意とした千里眼（透視）は認知関係だからＥＳＰということになり、長尾郁子が得意とした念写は乾板に異変を起こすものだからＰＫということになる。

また、転生など死後の（霊魂の）生存（『サバイバル』と術語化されている）をめぐる研究も、超心理学の守備範囲に入っている。

超心理学の実験でよく知られているのは、テレパシー検出のためのガンツフェルト実験（Ganzfeld experiment）だ。ガンツフェルト（全体野＝全体の視野）というドイツ語がなんだかいかめしいが、要するに完全なる目隠し、耳隠しの状態のことだ。

テレパシー実験の「受け手（テレパシーの受信を期待される人）」は、ピンポン玉を割ったもので目を覆われ、密閉されたブースの内部に横になって、ヘッドフォンから聞こえてくるザーッというノイズを聞く。このガンツフェルト状態に置かれると、ブース内の赤色光がピンポン玉を通して感じられる以外、物の形はまるで見えず、音声もまったく識別できない。この状態では、人間は自らの心が生み出すイメージ（幻覚映像）しか見なくなる。そのイメージ群の中に、別のブースにいる「送り手」が心に描いた光景がテレパシックに現れるかどうかを調べるというのが、実験のあらましだ。

伝送が試みられるのは、無作為に選ばれた写真映像である。「送り手」はその写真を眺め、場面をありありと想像する。うんうん念じてもいいが、とくにスタイルは決まっていない。テレパシーを起こすには何をしたらいいのか、何の知見もないからだ。

「受け手」は三〇分ほどの間、心に浮かんだイメージの口述に努める。口述内容は録音される。

8-1　ガンツフェルト状態のイメージ図

実験が終わると「受け手」には四枚の写真が提示され、自分の見たイメージがどれにいちばん近いかを決める（その四枚のなかの一枚は、この実験で実際に使用したものだ）。

さて、「受け手」が選んだ写真は「送り手」が念じた写真と一致するだろうか？

テレパシー作用などが何も起こらないのであれば、四枚から一枚を引き当てるだけのゲームになるので、当たりの確率は二五パーセントであろう。たくさんの数の実験を重ねて、二五パーセントよりも大きな数字が出たら、その差は何らかの超能力によってもたらされたと考えられる。つまりテレパシーだ。密閉されたブースにいる受け手はガンツフェルト状態だから盗み見はできないし、誰かから内緒の伝言を受け取ることもできない。実験には監視者がつき、見張っている。としたら、わずかでも上昇したポイントはテレパシーの成果としか考えられないだろう……。

一九七四年から二〇〇四年までにおこなわれた三一四五回の実験の当たり率は、計算すると約三二パーセントになるのだそうだ。つまり偶然よりも七ポイント高いのだという。ざっと一〇回に一回ぶんがテレパシーの効果ということになる（一〇〇回おこなった場合、外れて当然の七五回のうち七回までがテレパシーによって当たりに転じたのであるから）。

一〇回に一回しか成功しないのなら、テレビの超能力特番は成り立たない。しかし、科学の実験だとしたら、これだけの頻度で物理学の常識を破る力の作用があるというのは、なかなかすごいことだ。

テレパシー実験への疑惑

デューク大学に留学したことがあり、日本において本格的に超心理学を紹介し、かつまたＡＳＩＯＳという懐疑主義団体を通じて怪しげな超能力や疑似科学の批判をおこなっている石川幹人は、次のように評する［ASIOS⑤］。

まず、半世紀近く蓄積されたガンツフェルト実験のデータは「有無を言わさぬ」レベルであり、その信頼性は「医学や薬学で近年使用されるようになった証拠水準（エビデンスレベル）では最上位に相当する」（一三七ページ）。

しかし、その解釈については二つに分かれるとしている。第一は「テレパシーと呼ばれてきたような、現在の物理法則では説明できない情報伝達方法が存在する可能性」。第二は「厳密に管理したつもりのテレパシー実験に、検出できない情報漏洩が潜んでいるだけの可能性」。

超心理学者の多くは第一だと考えているけれども、しかしそのテレパシーなるものの性質や特徴に関する理論はまだぜんぜんできていない。懐疑論者は第二だと考えているけれども、どういう情報漏洩が起きたのか、決定的な論拠はいまだ示せていないのであると。

かなり厳密にやっているはずの実験なのに、情報漏洩がなおも疑われるのは、それだけテレパシー仮説が非常識的で受け入れがたいものだからだろう。

私はまるっきりシロウトなので確かなことは何も言えないのだが、ガンツフェルト実験の話を聞いていて感じられるのは、情報が物理的に「漏洩」したかどうかということよりも、そもそも写真と被験者のイメージを比べて似ているとか似ていないとかいう判断のほうに、なにか攪乱的な要素が残されているのではないかということだ。

一般的に言って、写真には人間にとって意味の「濃い」ものと「薄い」ものがある。ジョン・レノンの写真は意味の広がりが大きく（英国、ロック、若者、詩、ニューエイジ、革新性……）、キリギリスの写真は意味の広がりが小さい。試験材料のもつこうした意味論的な揺らぎが実験結果に影響するような不備な実験が、とくに初期のころに混じってはいないのか？（たとえば「送り手」と「受け手」がともに写真を自由に選べる場合には、両者とも意味の濃い写真に惹きつけられて一致度を高めてしまう、といったような）このあたりどうなっているのか私は知らない。

石川は、統計的に有意な数字が出ているにもかかわらず、科学界でも世間一般でも反応が冷たいということにおおいに不満を感じているようだが、たぶんそうした反応の鈍さは、科学界や世間一般に蔓延する偏見や保守性によるというよりも、申し立てられた実験なるものが写真の印象を土台とするニンゲン臭いものであるわりには、出された結論が既存の科学にとってひどく由々しいものであるというチグハグさがあるからだ。

テレパシーが働いたのか働いていなかったのか実験者自身にも感知できないような微弱なものであるというのに、しばしばテレパシーは距離と無関係に働くとされており、これは既知のいかなる物理的な力よりも桁違いに強い力の存在を暗示している。極めてアンバランスである。

そんなわけで、外部の人間にしてみれば、科学的成果が上がったというよりは、「ここに興味深い数値的偏向を示す予備的な実験結果がある」という段階から抜け出ていないように感じられるわけである。しかも、何十年待ってもその段階のままだ。じつは統計上の数値は時とともに下がってきている（偏向が是正されつつあるため？　人間のテレパシー能力が退化しつつあるため？）。

超心理学自体は科学としての体裁を整えている。はじめた当初は実験が粗雑で、詐欺的行為もあったようだが、現在はちゃんと管理された実験をおこなっているのだそうだ。超心理学よりも統計的・エビデンス的に怪しい推論など、人文・社会系の学問にはありふれているので、超心理学ばかりがうさん臭く見られているのは気の毒であるような感じもする。

ともあれ、超心理学の成果なるものは、ふつうの人々が期待する超能力や超常現象とはほとんどまったく関係がない（PKに関してはまるで実証的成果がないそうだ）。「めざましい超常現象など存在しない」という事実の確認作業を超心理学が請け負っているのだとしたら、それはなかなか皮肉なことだ。あまり人を喜ばせる作業ではないので、超心理学者の成り手もそう多くはなく（全世界で一〇〇名前後？〔皆神〕）、しかもジリ貧状態であるのだとか。「なまじに科学を目指してしまったおかげでロマンが褪めてしまった妖精学」というのが、超心理学の現状なのである。

抑圧された記憶

一九世紀末から二〇世紀にかけて、心霊研究や催眠術から脱却する形で心理学や超心理学が生まれてきたわけだが、そうした流れにあって、さらにもう一つ、人文系の重要な一分野が今日に至るまで独自の道を歩み続けている。無意識をめぐって患者と対話を続けるという手法の一群である。これはいくつもの流派があるが、もっとも有名なのがフロイト系の精神分析と、ユング系の分析心理学である。

超心理学は自然科学になろうとしてなかなか認知されずにいるが、エビデンスよりも主観的意味解釈に専心するフロイトやユングの学問のほうも、科学とは異質なものと見られ続けている。しかし人文・社会系の学問や文芸批評などの世界で、これらは非常に大きな影響がある。科学的ではないとしても、思想的な啓発力がおおいにあるということらしい。

まず、フロイトから見ていこう。

フロイト派の精神分析では、無意識のなかに抑圧された記憶が溜まっていると考える。子ども時代の親のしつけや虐待などに関する記憶は抑圧され、これが無意識的な葛藤をもたらし、情緒的問題や人格障害や精神障害を生み出してしまう。だから、分析医と語らったり夢を解釈したりしてそうした記憶を意識化すれば、病状は改善すると考えられている。

しかしこの「抑圧された記憶」というのはあくまで解釈であり、実証できるようなものではない。この点がまるで信仰と同じなのだ。精神分析の主な手法は自由連想法と夢判断だが、どちらも療法家の名人芸的な恣意的解釈に委ねられている。

欧米社会において精神分析は二〇世紀を通じて非常に流行したが、なかなか治癒にこぎつけない、金がかかる、さらに抑圧の仮説が先入観となって性的虐待などの虚偽記憶を引き起こす……といったふうに実害が次々と報告されたおかげで、すっかり信用が落ちてしまった。[*38]

精神分析はカウンセリング業界のみならず文芸批評の世界でおおいに流行した。分析家の想定する虐待、抑圧、トラブル、解放という個人史の流れは、メロドラマにも社会評論にも応用可能で、作品の味つけにもなるし、人類社会の本質的パターンとして教訓を読み取ることも可能だ。フロイトがとくに注目したのは性の抑圧であるが、性というのは文字通りの生理・心理現象を超えて、人間の営み全般の象徴——神に対するところの人間の俗なる営みの寓意——となれるような曖昧な万能性を備えている。

ともあれ、フロイトは私たちの社会に決定的にプラスの影響ももたらした。というのは、二〇世紀におけるフロイト説の流行は、精神障害や神経症の背景にある文化や社会の問題に注意を向けるよう人々に促し、一見奇矯であるような人間の振る舞いを内面から共感的に眺める道を開いたからである。

共時性（シンクロニシティ）

次にユングを見てみよう。

フロイトの売り物が性だとすれば、ユングの売り物は神話である。人間の無意識は抑圧された性の記憶ばかりで埋まっているのではなく、もっと前向きななにかをも宿している。たとえば突拍子もない夢や幻想が現れることがあるが、その奇妙さは神話の文法によるのであり、むしろそれは行き詰まった精神状況に均衡をもたらす働きをもつというのである。ユングはクライアントの夢や幻想のなかに、古代の神話や近現代のオカルト的伝承と同型のものがあることを発見した。これは心理学と神話学をともに豊かなものにした。

ユングは「元型」と「集合的無意識」という概念を提唱した。無意識が生み出す神話的形象の基本パターンのようなものが元型である。それを生み出す無意識は個人的経験のレベルを超えた集団的で普遍的な、おそらくは形而上学的なレベルにあるとされる。

そうした神話的ビジョンはインスピレーションや夢のお告げのようなものとして現れる。とくに人生の転機のような大事なシチュエーションにおいて印象的なものが出現するのであるとか。そうした出現のタイミングの妙を指す用語として、ユングはシンクロニシティ（共時性）という概念を提唱した。

フロイトの性理論はセックス好きの俗人にはするりと受け入れやすいところがあったが、ユ

＊38　抑圧された記憶という仮説に基づくカウンセリングが虚偽記憶を引き起こし、社会問題となったいきさつについては、エリザベス・ロフタスの著作などを参照のこと［ロフタスとケッチャム①、サバー］。

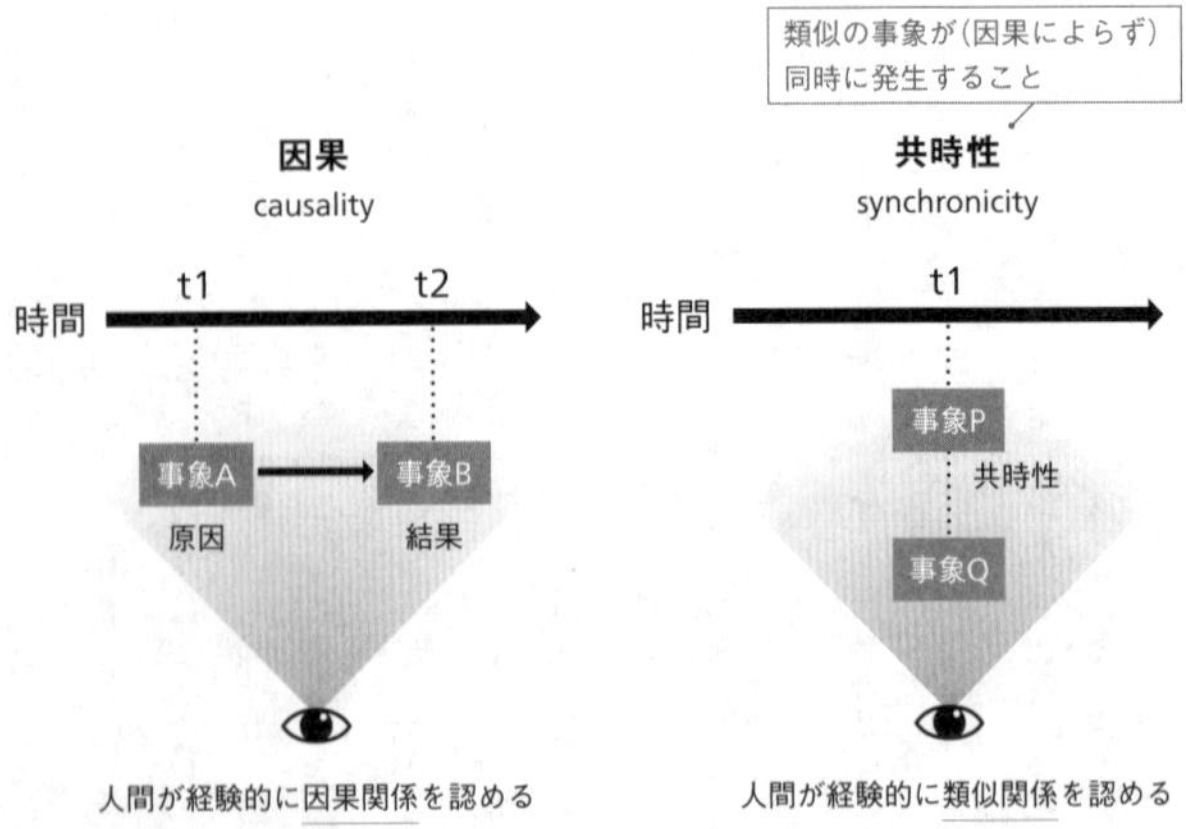

8-2　因果と共時性

ングの神話論はどこかご託宣めいていてとっつきにくいものだ。逆に言えば、宗教好き、とくにニューエイジ流のスピリチュアリティを求める人々には、ユング説はむしろ非常に波長の合うものとなっている。

宗教に引き付けて考えるならば、神話的元型を生み出す集合的無意識は、啓示を与える神様のようなものだということになるだろう。無意識の奥底は汎神論的な神につながっている。そしてその神が機会ごとに啓示する「影」「太母」「老賢者」「マンダラ」といった「元型」は、定型的イメージから成るもので、タロットカードの絵柄を思わせるものだ。

フロイト説と同様、ユング説に対しても、「これは科学ではない」という批判が常にあるのだが、ユング説は最初からずっと文芸ないしアートのようなものとして受け取られてきたので、批判されても支持者たちはあまり痛みを感じていないようである。

ニューエイジの信奉者の間で受け入れられているユング理論の一つがシンクロニシティである。先ほど述べたように、これは神話的啓示が現れるタイミングの妙のようなものを術語化したものだ。ユング自身は科学的な根拠をもつものと考えていた。

シンクロニシティの科学性とはいったいなにかをここで考えてみることにしよう。

物理学者パウリとの共著『自然現象と心の構造』のなかで、ユングは、シンクロニシティ（共時性）の原理を、通常の科学的思考で用いる因果の原理と対になるものとして提示している［ユング］*39。前ページの図は、私なりにユングの主張を図式化したものだ。

科学者は、事象A（原因）に次いで事象B（結果）が起こるという、その因果関係をつきとめることを仕事としている。これに対して、時間的に共時的に起きた二つの事象（図のPとQ）の

*39　なお、山中康裕は、シンクロニシティの原理こそ「ユング派の治療の一つの根幹であり、これが見事な『布置』（コンステラチオン）の上に結実するまで、すなわち『時熟』するまで、共に『待つ』ことこそ、治療に要請される大切なものなのである」と述べている（［「現代思想」②］二三九ページ）。なお「時熟」とは成熟のこと。ハイデガー哲学などで使う言葉。

類似関係に注目するという新しい科学があってもいい、とユングは考える。

因果関係ではなく類似関係に、時間的前後関係ではなく時間的共時関係に注目するのである。

ユングは次のような例を挙げている。

患者がスカラベ（古代エジプトで神聖とされた甲虫）の出てくる夢について話しているとき、実際に甲虫が部屋に入ってきた。この出来事は患者にも分析家にも非常にタイムリーな、意味深いものと感じられた。共時的に起きたこれらの事象（患者の語りと部屋の出来事）は、どちらにも甲虫が関わっているという点で互いに類似している――。

こういう場合、ふつうの科学者は「ただの偶然の一致だ」と考えるものだが、ユングは「シンクロニシティが起きた」と認識するのである。

共時性の原理は科学的因果論と形式的な対照性をもっているので（因果VS類似、前後VS共時）、これはオルタナティブな科学原理だと言われれば、そんな気がしてしまう。しかし、ユングの挙げる現象は、昔であれば「お告げ」や「ご託宣」と言われていたものに他ならない。易やタロットや星占いや正夢や予言の類だ。そんなシンクロニシティは、本当に科学的因果論と並ぶもう一つの原理となりうるのだろうか？

よく考えてみると、シンクロニシティの話の要点は、共時よりも類似にある。しかしこの類似とは、あくまで主観的印象である（ちなみに、先ほど見てきた超心理学のテレパシー実験のキモも、写真どうしの類似性だった）。

雲を眺めていたら天使の形になった！　これは神の啓示だ！　……というのは、類似による心象である。私たちはこれをふつう偶然の出来事として片づける。壁のしみに妖精を見出したり、隙間風に悪魔の囁きを聞き取ったり、火星の表面に人面岩を見出したり、ということをやたらとやる人は、精神に問題があるだろうと通常は判断される。

そもそも人間の脳は、知覚したものに対して既存のパターンを読み込むようにできている（アポフェニアと術語化されている）。こうした傾向があるからこそ人間は自然のなかにさまざまなパターンを見出し、そこから推理を働かせ、文明を築き上げることができた。

しかし、アポフェニアだけでは、オカルトやアートにはなっても科学にはならない。類似のパターンを見出したあとで、本当に関係があるのかないのかを調べるところから科学がはじまる。PとQが似ているという主観的印象だけではだめで、「PとQが主観的に似ていることにはRという客観的原因があった」と因果関係をつきとめて、初めて科学になる。

類似性に関していかにも判断の甘いシンクロニシティ説は、やはり科学説とは異質なものだと思われる。

また、時間的な「共時」の判定もかなりいい加減なものだ。スカラベの夢を語るのと甲虫の侵入はたしかにきっちり同時だったかもしれない。しかし夢のお告げのような場合には、夢と出来事との間には時差がある。これをワンセットにして考えるのは、類似性の印象に引っ張られているからにすぎない。

ユングのオカルト性

ユングはじつはオカルト（超常現象）の信奉者であった。ある日、ユングがフロイトと対談していたとき、ユングの精神的興奮に符合する形で、本棚の板が（たぶん乾燥かなにかのせいで）バチッと鳴った。ユングはここに「意味」を感じ、「まさに、これがいわゆる、媒体（霊媒――筆者訳）による外在化現象の一例です」と言う。フロイトが「全くの戯言だ」と言うと、ユングは「私の言うのが正しいことを証明するために、しばらくするともう一度あんな大きな音がすると予言しておきます」と告げる。するとほとんど同時にもう一度バチッと音がした。『ユング自伝』のなかに書かれた有名なエピソードだ（I、二二四ページ）［ヤッフェ］。

ユングもまた、ラップ音に神秘的な意味を見出す心霊主義＝交霊術の伝統のなかに生きていたのだ。ユングをめぐるオカルト的逸話は他にもたくさん伝わっている。

フロイトの文化的功績が、精神的に打ちひしがれている人の声に真剣に耳を傾ける伝統を生み出したことだとすれば、ユングの文化的功績は、宗教的な人々の心情に寄り添って話を聞く伝統を生み出したことである。たしかに宗教的ビジョンの寓意的解釈において、ユングの著作には教えられるところが多いように思われる。宗教的思考と合理的思考とを橋渡しするような語り口で書かれているのだ。

ユングは古代の神話も、錬金術も、易も、占星術も深層心理的に有意味な現象だとしたので、今日のニューエイジないしスピリチュアル系の人々の間では、科学界から信仰にお墨付きを与えてくれた賢人というふうに受け止められている。宗教関係のみならずアート関係にも影響力は大きい。

ニュー（エイジ）サイエンスに数えられるトランスパーソナル心理学というものがあるが――人間の発達段階を自我以前のプレパーソナル、自我が成立したパーソナル、自我を超える神秘体験や覚醒に開かれたトランスパーソナルに分ける――、ユングはこれにも影響を与えている。ユング思想は日本では河合隼雄や秋山さと子を通じて知られるようになり、日本文化論に影響を与えた。さらに河合ファンである村上春樹を通じても、高い評判を保っている。

理系と文系の本質的差異

なにかの学問的言説に対して「それは科学か？」が問われるとき、モデルとなっているのは物理学に代表される自然科学である。自然科学が扱っている物質レベルの現象はどうやら宇宙において斉一性《せいいっせい》が高く、物質や原子・素粒子の構造も、力の働きの因果関係もはっきりしていて、しかも物質は人間をコトバで操ってペテンにかけたりしないので実験の設計が容易である。いや、容易じゃないとしても、抜かりないようにちゃんと実験できる。

生物学や医学のレベルまでくると、生きた動物や人間が相手であり、それは物質だとしても相当に複雑な構造の物質であり、しかも進化であれ個体のアイデンティティであれ、歴史的一回性と偶然性のなかにあるという意味で、物理学よりもずっと「解釈の余地のあるもの」となる。

さらに、人間社会や人間心理を扱う文系の学問のレベルまでくると、その複雑性や偶然性は手に負えないほどとなり、統計をとって計算式をたてて予測しても思うように「当たら」ない。しかも人間は言語的な意味の世界に生きており、研究者の調査行動そのものが対象の人々の行動や意見に影響を与えてしまうので、客観的調査というものがなかなか成り立たない（第6章で見たフェスティンガーのUFOカルト調査でも、調査者の介入自体がカルトの動向に影響を与えていないかが問われている）。

また、文系の学問の目指すべきものは、法則性の提示というよりも、歴史的一回性、かけがえのない個々人のナマの現実を、主観的な部分を含めてしっかり記録・再現することだという考え方もあり、そうなってくると、物理学的な計算式のようなものを捻《ひね》り出すことに意味はないということにもなる。自然科学とは方法も存在意義も違っているのであると。

それだけに、人間の意味世界を対象とする文系のガクモンは——数理的エビデンスにたどりつけないという意味で——常にどこか疑似科学？　亜宗教？　的なレベルに足をつっこんでいるという疑いが晴れないのである。だからいけないという話ではなく、そういう曖昧領域において相対的にでも有益な学問のあり方というものを模索していくしかないのである。

理系と文系の差は絶対的なものではなくグラデーション的なものだろうが、事実上、あちこちにギャップがある。そして文系の学問は、アート、文学、政治、ビジネス、宗教……の実践領域につながっている。人文科学とはまさしくアート（リベラルアーツ）なのであると。

文理のキメラ的融合

二〇世紀後半のニューエイジやポストモダン全盛時代に起きたことの一つは、自然科学と人文系の学問や宗教やアートとを、なにか唐突な形で結び付けようとする思潮というか流行であった。

そもそもニューエイジ思想の「意識の覚醒」は生物進化論の向こうを張ろうというもので、当事者たちは進化論の限界を自分たちなりに理解しているつもりでいた。ニューエイジの影響を受けた自然科学者が、量子論を語りつつその「元型」的思考として華厳哲学や道教思想にラブコールを送るということもあった（たとえば物理学者フリッチョフ・カプラの『タオ自然学』）［カプラ］。こうした潮流をニュー（エイジ）サイエンスと呼ぶ。

他方、カスタネダのような非正統的な人類学者も、当時思想界で尊敬を集めていたいわゆるポストモダン系の哲学者や批評家たちも、学問的・科学的「事実」というものをどこまでも疑うそぶりを見せていた。人間社会を扱う学問の事実認識に恣意性や政治性がからむのはふつうのことだが、自然科学の観察、実験、理論化、公式、パラダイムの類までが、当事者が思いたいように思っているだけと、ほとんど言いかけるところまでいったのだ（これは人文・社会系からの自然科学へのリベンジ？）。

それと同時に、人文系の思索者たちは、自らの書き物に自然科学系の用語や概念をちりばめてハクをつけるということもよくやっていた（これは人文・社会系からのラブコール？　あるいはコンプレックス？）。たとえば精神分析家のラカンは精神障害の構造を位相幾何学（トポロジー）の概念で説明した（が、誰が読んでも意味がよくわからないので、これはたいへん立派な学問なんだと思ったものだ）。

まあ、こんな感じで、どちらかというと、七〇～八〇年代などは、文系の学問ないしアートや宗教の世界には、自分たちが科学（自然科学）を凌駕しつつあるかのような気分がみなぎっており、それに同調する物理学や生物学の専門家などもいたのであった。

こうしたやや上ずった時代意識のなかで、自然科学系の学者がオカルト的なフェイクを垂れ流すということもあった。動物行動学者ライアル・ワトソンは、著作のなかに「百匹めのサル」現象という与太話を書き込んだ［ワトソン］。曰く、あるサル山のサルたちが「芋を洗う」

といった文化を一匹から一匹へと地道に伝授していたところ、その文化の共有者が一定数に達したとたんにサル山全体のサルたちがそれをやるようになり、さらに他のサル山でも同じ行動が普遍的に見られるようになったのであると。

進化とはこういう飛躍を含んだ形で進行するものだと言うのだ。この知見はまた、ビジネスパーソンや政治や宗教の活動家にも啓示を与えた。一定数「顧客」「支持者」「信者」を獲得すれば、一挙に全世界を動かすことができるのだ！

「百匹めのサル」は自然科学者のワルノリが生み出した疑似科学＝亜宗教の最たるものだ。

ここまでくると胡散くさいのは見え見えだが、先ほど申し上げた、文系の思想家の間に流行した「自然科学用語の濫用ブーム」のほうはもっと効果が微妙で、タチが悪かったかもしれない。読者はみな「なんだか変だな」「意味がわからない」と思いつつも、各科学分野の専門家からはっきり批判されない限り、自分からは異議申し立てができない。ほとんどマインドコントロールである。

いや、自然科学の専門家があれこれの用語法についてきちんと批判したとしても、文化的流行というものはそう簡単に変えられるものではなかっただろう。

ソーカル事件

しかしここに、大胆な手段に訴える自然科学者が現れた。その人は偽りの科学用語を餌にして人文系思想雑誌の編集者をペテンにかけてみせたのだ。

一九九五年、米国の物理学者アラン・ソーカルは、あるポストモダン系社会思想誌に、でたらめな用語法とでたらめな論考を詰め込んだパロディ論文——「境界を侵犯すること——量子重力の変形解釈学に向けて」——を投稿した。これが受理され、出版されたあと、ソーカルはその内容がまるっきりインチキであることを公表した。すぐネタを公表したのでトリック（ペテン）というのは言い過ぎだが、読者にも、編集者にも、他の投稿者にも、ポストモダン系の論壇全般にも、たいへんなショックを与えたことは間違いない。

こうしたショッキングなやり方をするのはのちの炎上商法などと似ていなくもないが、当時の文脈においてはむしろ、ポストモダン言説のなかでもてはやされていたトリックスター[*40]の役割を自ら演じてみせたというべきだろう。

この悪ふざけのもう一つの目的は、当時流行中の極端な文化相対主義——事実とは文化や社会が政治的につくった構築物にすぎないという立場——がかなり矛盾したものであることを暴露することにあった。

ソーカルともう一人の科学者ジャン・ブリクモンは、一九九八年に「ポストモダン思想における科学の濫用」という副題のある本（『「知」の欺瞞』〔ソーカル〕）を共著し、あらためて、自然科学用語の濫用の実態を暴露し、相対主義を攻撃した。この本で批判的に取り上げられたのは、ジャック・ラカン（精神分析家）、ジュリア・クリステヴァ（文芸批評家・政治哲学者）、リュス・イリガライ（精神分析家、フェミニズム思想家）、ブルーノ・ラトゥール（科学社会学者）、ジャン・ボードリヤール（消費社会論などで知られる思想家）、ドゥルーズとガタリ（共著で哲学書を多数著す）、ポール・ヴィリリオ（都市計画家、テクノロジー論で知られる）といった錚々たる思想家たちである。

濫用された科学用語や科学用語に似た用語や、科学用語を織り交ぜて語られたよくわからない文章としては、「トポロジー」「コンパクト性」「ストークスの定理」「統一場」など（以上、ラカン）、「連続の濃度」「選択公理」「直交補空間をもったデデキント構造」など（クリステヴァ）、「電磁気的再均衡化をともなわぬ加速」など（イリガライ）、「戦争の空間が決定的に非ユークリッド的空間となったこと」など（ボードリヤール）、「……ひとつの機械状のアレンジメントが、そのさまざまな構成部分を通して、存在論的閾を、線状でない不可逆性の閾を、個体発生的な、創造的オートポイエーシスの閾を踏み越えることで、自らの一貫性を奪取するのだ。

＊40　ペテンめいたことをやりながら文化的に有益なことをもたらす神話上のキャラクター。終章参照。

ここで拡張することが望ましいのは尺度の概念であって、それは、フラクタルの対称性を存在論的観点から考えるためである。……」「……粒子が銀河をもとに構築されたであろうようなオートポイエティックなひとつの実体を想像してみよう。あるいは、逆に、クォークの尺度で形成されるような認知可能性を想像してみよう。異なる展望、異なる存在論的整合性。機械圏は、仮想性の場の中に存在する無数の形状のなかからいくつかの形状を引き出し、現実化する。……」など（ドゥルーズとガタリ）が挙げられている。いや、もっと無数の例が挙げられ、批判されている。

もちろん、ソーカルらが批判した論者たちは、自然科学系の表現をただ比喩的に使っただけであり、思想の本質はそこにはないという見方もできるし、たぶんそれは本当だろう。それでもペダンチックな表現に酔い痴れて、比喩なのか、本来の意味なのか、転義なのか当人もよくわからなくなっていたこともまた確かだろうし、ちゃんと定義せずにべらべらと語り続ける姿勢そのものに読者や思想そのものへのリスペクトがなかったことも確かだと思われる。

しかし、ソーカルらにとってむしろ問題なのは、こうした論者たちの多くが唱えている文化相対主義のほうであった。

伝統社会や現代社会に流通している社会的「実在」ばかりでなく自然科学の扱う物理的「実在」も根本的には社会の言説が生み出したイデオロギー的構築物にすぎない、と断定的に言い切る風潮がこの時代にはたしかにあった。これは呪術や宗教の迷信と自然科学の論文を等価に扱うもので、このあたりの曖昧な思考は、論者自身の大胆なレトリック——科学用語をいい加減に扱って平気であるような不敵さ——の根拠の一つとなっていたように見受けられる。

自然科学系の学者として、ここに科学のみならず学問や思想そのものの危機を感じたのは当然のことであった。

事実と解釈

極端な認識論的相対主義が問題であることは、ネット上に勝手なフェイクニュースが「オルタナティブな真実」などと称されて流れていることに誰しも危機感を覚えている今日にしてみれば、説明するまでもないことだろうと思う。

しかし、一応ここで、基本的なことを確認しておくとしよう。

相対主義的議論のもっとも極端でもっともシンプルな形は、「事実というものはない」とするものだ。「事実」とは「事実だと思うこと」つまり「解釈」に他ならない、それは社会的に構築された認識であり、共同体ごと、文化ごと、時代ごとに変わってしまう。

しかし、「事実」という概念を完全に「解釈」へと溶解してしまうのはやはりまずいだろう。「これこれの見解はあくまで解釈である」と認識するためにも「事実はある」と思っておく必要がある。実際、「コーヒーだと思って（↑解釈）飲んでみたらコーラだった（↑事実）」というような事態は間違いなくいつもあるわけで、どんなにややこしい社会的事象においても、実験と推理を通して知的に推理された高度に物理学的な事象においても、「解釈」の外側に「事実」があるはずだ。そして「これをコーヒーと考える解釈は間違いだが、コーラと考える解釈は正しい」というふうに、解釈にも優劣がある。もちろん「コーラ」という新解釈も間違いで、よく調べると「コーラ風味の別の飲料」だったというふうに解釈が進化することもある。

たしかに厳密に考えると、私たちがナマの「事実」にタッチすることは永遠にできないのかもしれないけれども、しかし程度問題として、私たちはどの「解釈」がもっとも事実に近いのかを推理ないし計測することができる。このあたりを面倒くさがって、「事実はない」「事実とは解釈にすぎない」というのはオール・オア・ナッシングすぎて、事態を余計に混乱させるだけなのだ。

実際、犯人がAであろうがBであろうが解釈にすぎない、犯行をめぐる事実などない、冤罪などというものもない、と本気で信じているまともな法律家は存在しないだろう。

文化、社会、時代ごとに「事実の解釈」は違っているかもしれないけれども、「事実の解釈」とは離れたところにある「事実」そのものを明らかにしようと努めることには意味がある。もちろん、「解釈A」を信奉する人々が政治的・社会的プレッシャーをかけて「解釈B」をとる人々をねじ伏せるといったことは、しょっちゅう起きている。だから「解釈A」をとる文化と「解釈B」をとる文化を対等に扱え、それぞれの文化を尊重せよ、と言うことにも意味はある。しかしそれも程度問題だ。ある個人や集団の「解釈」は不適切であって容認しようがない――たとえばアルビノの身体には魔力があるというアフリカ文化の解釈は不適切、ホロコーストはなかったという陰謀論者の解釈は不適切――という事態はいつでもありうるのだ。

ソーカルらは指摘する。あらゆる文化的解釈を対等と見なそうとする相対主義は、権力批判、民衆擁護をモットーとする左翼思想から派生した思潮であるにもかかわらず、現実には民衆の抑圧に力を貸すことになっている。ソーカルらは、インド式風水説によって住む場所を奪われたインドの貧困者たちの例を挙げる。西欧の左翼知識人が、西洋の知ばかりが知ではない、ヒンドゥー的オカルトもまたそれなりに「科学」だみたいなことを言い出したおかげで、それを追い風とみた現地のヒンドゥー・ナショナリスト的権力者が、風水が決めたビルのエントランスの方向にあるスラム街を壊してしまったのだ。

左翼とは本来、情念よりも論理性によって社会を運営すべきだという立場である。ソーカルらもまた左翼だ。彼らは恣意的な権力を批判し、科学は民衆のために使うべきだと考えている。しかるに、左翼のポストモダン急進派は、いつからか文化的右翼にくみするようになった。民衆擁護が迷信擁護に変わっている。ソーカルらとしては放っておけなかったのだ。[*41]

二一世紀になって振り返ってみると、こうした動向は、西洋文化を一掃しようとする極端なイスラム主義者や、ロシア愛国主義者、独裁的な中国共産党、根拠なき陰謀論を垂れ流して平気なトランプ主義者といったあらゆる相対主義的文化防衛論者の台頭への地ならしをしていたように見える。少なくとも科学史家のリー・マッキンタイアは、二〇世紀の反進化論説や二一世紀流行の「ポストトゥルース」とポストモダンの密接な関係を論じている［「マッキンタイア」］。

というわけで、ここでもまた、前章のカスタネダ→オウム真理教の流れを考察した節における結論と同じものを結論として述べようと思う。

すなわち、**物理的な意味でのソリッドな事実というものを馬鹿にしてはいけない。解釈はいつも多様だが、どんな解釈もOKというものではないし、解釈イコール事実というわけでも、事実が解釈とともに雲散霧消するわけでもない。**そのあたりを（自然科学用語であれそうでないものであれ）やたらと観念的な用語や比喩をもって華麗なレトリックでごまかして考えるのは、思想と文化そのものの衰退の道でしかないのだ。

臨死体験言説

本章は「これは科学か疑似科学か？」というテーマで書き進めてきたが、最後にすこし臨死体験言説に触れたいと思う。[*42]

臨死体験（NDE＝near-death experience）とは、事故や病気でほとんど死にかけた人が、ぎりぎり生還したときに、あとになってから思い出して語る、その体験内容のことである。二〇世紀後半になって医学が格段に進歩することで、奇跡的な生還の例が増え、医師が懸命に蘇生術を施している間に多くの人が一種の神秘体験をしていることがわかったのだった。

当事者はそれを通常の夢などよりもはるかにリアリティのあるものとして体験している。そのリアル感を保ったまま、当事者は死にかけている自分の姿を天井付近から見下ろし、闇のなかを飛んでいき、光の世界に達して至福体験を味わったり、神的存在に出遭ったりする。人生を走馬灯のように見る人もいる。人により具体的内容は異なるのだが、平均的なところでは、

＊41　科学史家のトマス・クーンは科学の営みのあり方を時代ごとに規定する「パラダイム」というものを強調したが、ソーカルらはこの概念がある程度妥当である一方で、しばしば極論に走っていることを批判している。また、ファイヤアーベントも同様に相対主義的な議論に対しても、その矛盾を指摘している［ソーカル］。

＊42　臨死体験ブームと同時期に起きたものとして輪廻の記憶ブームがある。イアン・スティーヴンソンの『前世を記憶する子どもたち』［スティーヴンソン］。批判的なものとしてはポール・エドワーズ『輪廻体験』［エドワーズ］など。これもまた催眠療法などによる虚偽記憶などが疑われている。

体外離脱、暗がり、光という要素が共通しているようだ。

リアルなんだと言われても、信じがたい内容である。これをどう考えたらよいか？

結論から言うと、やはり臨死体験イコール死後体験と考えるわけにはいかないようだ。瀕死の状態における特異な主観的体験としての臨死体験そのものはある。しかし当事者は死んだわけではなく、ただ崩壊寸前の脳が見せるリアルな幻影を死後の世界と思い込んでいるだけである。体外離脱も、光の体験や恍惚感も、走馬灯も、リアルな感覚も、基本的には脳内現象として理解できてしまう。しかもそれらの不思議体験は「臨死」状態に限って起こることではない。体外離脱を普段の暮らしのなかで起こしてしまう人もいるのである。

自分より先に死んだ身内や知人に遭うということがあるが、子どもの臨死体験の場合には、それがまだ生きている親や友達だったりするという。この場合は明らかに幻想だ。誰かに先立たれた経験のない子どもは死者の幻想を見ることができないのである。

文化の違いによって、ディテールの違いが大きいことも問題となった。アメリカでは強烈な光の体験のなかでキリストに出遭ったりする人がいる。日本では神も仏も出て来ず、三途の川みたいなものやお花畑みたいなものを見たりする。インドではヒンドゥー教のヤムラージ（仏教の閻魔大王に当たる）の審判の席で「お前は帰れ」と言われるなんてパターンが多い。これらは文化の影響としか考えられない。

そうしてみれば、語られる記憶内容どおりのものをそもそも本当に体験したのかどうか、このあたりも疑わしいと言えそうだ。心理学者ロフタスが言うように、記憶は記憶を語るときに構築されるものだからだ。なにかぼやっとした印象があったものを、語る際にドラマ化してしまう。その際文化的知識が誘導的に作用するのかもしれない。

といった感じで、臨死体験と死後の世界とは結局くっつかなくなってしまった。いまでも「臨死体験」という言葉を「死後体験」の意味に受け取る人がいるが、それは「UFO」という言葉を「異星人が乗ったスペースクラフト」の意味に受け取る人がいるのと同じで、言葉の誤用か転用（語義のズレ）である。

日米の思い入れの差

ところで、臨死体験言説をめぐって私の興味をひいたのは、そのオカルト的な内容ではなく、むしろアメリカ人がやたらと臨死体験にこだわっているということのほうであった。キリストと三途の川とが違っているように、そもそも臨死体験に対する思い入れの強さがアメリカと日本とでは大きく違っているようなのだ。

九〇年代にNHKの番組や著作を通じて海外の臨死体験研究を紹介した立花隆は、次のようにレポートしている［立花①］。「日本人の場合は、臨死体験をした人でも、それを必ずしも死後の生の存在の証明とは考えない人が多い」「アメリカの場合はほとんどの体験者が、臨死体験は死後の生の存在証明と考えるのだから著しい対照をなしている」（下、一〇四ページ）。たしかに報告内容を見てみると、日本人の場合、体験者も体験の事実性にあまりこだわっていない。

さらにアメリカの場合、研究者自身の熱狂性が目につく。

七〇年代から臨死体験研究を大々的に推し進めた米国の医学者レイモンド・ムーディは、臨死体験を死後の生の存在を証明するものだと思いたがっていた。終末期医療の権威として有名な米国の精神科医エリザベス・キューブラー＝ロスに至っては、死後の世界をめぐるオカルティスト的な確信を隠そうともしなかった。[*43]

なお、少なくとも当時、基本的にキリスト教会は臨死体験に否定的な反応を示していた。死後にキリストが出てくるのだから教会は喜ぶのかと思えば、さにあらず。臨死体験者の語る死後の世界には、基本的に地獄がなく、キリストの審判すらなく、きわめて楽観的なのだ。これは教会の教義とは矛盾している。聖職者としては、体験者は悪魔にたぶらかされたにちがいないと考えたくなるのだ。

一九世紀の心霊主義ブームにおいても二〇世紀のニューエイジブームにおいても、審判だの地獄だのと教理的にやかましいキリスト教への反発があったことは、すでに見てきたとおりである。ニューエイジと時代的にかぶる臨死体験研究ブームもまた、ある意味でキリスト教への反発のようなところがあることが想像される。数々の臨死体験報告から得られた知見の一つは、人間は死の瞬間に至福状態にあることが多いということだ（たぶん脳内の化学物質のせいである）。臨死体験イコール死後体験と信じたい人は、これによって伝統的な審判思想を否定できると思いたい。アメリカにおいては保守的なキリスト教の文化的パワーが大きいので、そのプレッシャーをはねのけるためにも、ぜひとも臨死体験イコール死後体験でなければならない……。

そういう意味では臨死体験ブームはキリスト教への抵抗を示すものであるが、しかし、その体験内容にキリストが出てくるのがキリスト教文化の影響であることは間違いなく、さらに言えば、こうやって臨死体験をめぐる事実は何なのか白黒をはっきりさせずにはいられないメンタリティそのものが、神や来世をめぐって論争を繰り返してきたキリスト教神学の影響であるとも、おそらく言えるだろう。

一般的に言って、日本人は、こういうプレッシャー構造に置かれていない。すでに見たよう

*43　キューブラー＝ロスは死生学や死の看取り、グリーフケアといった分野に多大な貢献をなした人だが、「死後」に関してはある一線を越えてオカルトに入ってしまい、これが関係者を困惑させている。立花隆によれば、彼女は臨死体験を心霊的（サイキック）なエネルギーの支配する世界との境界領域の出来事なのだろうと考えている。彼女は体外離脱してプレヤデス星団まで行ってきたとも言い、氏を驚かしている［立花②］。

に、日本人の来世はもともと輪廻、浄土、黄泉、幽冥界……のどれともつかないような曖昧なものであったし、僧侶もキリスト教の神学者ほど理屈っぽくない。臨死体験者も研究者も、自分たちが宗教の教理との闘争関係にあると意識することは稀であろう。

類似の効用と曖昧性

さて、第5~7章で扱ったファンダメンタリストの反進化論、UFO言説、ニューエイジ言説と並んで、この臨死体験ブームもまた、とりわけアメリカに特徴的なサブカル的事象であると考えられるかもしれない。

やはり文化ごとに、人々が世界を眺め、体験する様式はずいぶん違っているのではあるまいか。その限りでは文化相対主義は妥当だとも言えるのである。しかし、主観的体験とは違う客観的事実というものがある。たとえば臨死体験が死後世界の体験であるか・ないかは、文化ごとと、個人ごとに勝手に決められるものではない。

さて、章の締めくくりに一つ指摘しておきたいことは、本章の議論はどれも大なり小なり類似ということに関わりがあるものだったということだ。

超心理学のテレパシー実験は、被験者の語るイメージがもとの写真とどこまで似ているかに依拠していた。ユングのシンクロニシティの本質も類似の直観であった。ポストモダン言説では自然科学用語をかなりいい加減に使っていたが、これもイメージ的類似（アナロジー）による一種のレトリックであった。文化の違いによって主観的臨死体験は異なるのではないかというのも、たとえばアメリカ人の体験内容を類似によってひとまとめにし、日本人の体験内容を類似によってひとまとめにするという、類似による分類作業の結果だ。

類似によって語るのは、自然科学的に見れば疑似科学に陥りかねない危険要因である。だが、人文・社会科学的な議論においては、極めて複雑な情報を仮初にもまとめあげていくには、アナロジーの働きというのは馬鹿にできないものがある。実証性が乏しいとしても、文系の議論においては、ある程度認容していくしかない。

比較文化論というのは、そういった類のものだ。昔流行した「西洋人は罪の文化／日本人は恥の文化」（文化人類学者ルース・ベネディクトの日本人論『菊と刀』に由来）とか、マックス・ウェーバーの『プロテスタンティズムの倫理と資本主義の精神』などの宗教の違いと経済の違いとを連動的に眺める議論とか、サミュエル・ハンチントンの「文明の衝突」的な文化圏・文明圏の分類というのは、どこまで妥当なのだろうか？　どこまで非科学的で無効なのだろうか？[*44]　「古代はこう、中世はこう、近代はこう」という歴史学的な時代区分にも類似／相違論が埋め込まれている。その有効性はどの程度あるのだろうか？　ジャレド・ダイアモンドの地理学やユヴァル・ノア・ハラリの歴史学にも、エビデンス的な問題点が指摘されているが、そうしたマクロな文化論を単純に退けるのではなく、ほどよい形でつきあっていくにはどうしたらいいのだろうか？　アナロジーの力でまとめられたマクロな文化論は、ある程度あてになるのかもしれないし、全然あてにならないのかもしれない。精神分析やユング共時性論のようなものがそこそこ容認されているのは、**文系の知そのものが自然科学に比べたらそもそも星占いや亜宗教に近いあたりにあるからなのである。**

＊44　昭和時代には、西洋と日本（あるいは東洋）とを対比する議論が流行した。哲学者の西田幾多郎は、西洋は「有」（哲学的な存在やキリスト教的な神）の文化、日本は「無」（仏教的な空）の文化だとした。政治学者の丸山眞男は聖書を「つくる」神話、古事記を「なる」神話として、対照的な文化論を展開している。ユング派の河合隼雄は、西洋人は意識の中心としての「自我」、日本人は無意識内の「自己」に焦点をもつというふうに図式化した。ベネディクトの「罪の文化」VS「恥の文化」も含めて、いずれの場合も意志的でかっちりしたものと関係的・相互依存的で曖昧なものとの対照になっている。また、東洋史学者にして駐日米国大使だったエドウィン・O・ライシャワーや歴史学者のウィリアム・H・マクニール、人類学者の梅棹忠夫などは、日本とヨーロッパを構造的に近いもの（封建時代の歴史的環境による）と考え、ユーラシアの他の文明と対照している。いずれも大なり小なり直観的な議論であり間違った誘導性をもっている恐れがあるが、まるっきりナンセンスを言っているようにも思われない。

コラム⑧　神秘思想を比較する？──井筒俊彦『コスモスとアンチコスモス』

仏教では、世界にあるあらゆる観念や事物は、他のあらゆる観念や事物との相互関係のなかにあり、相互に依存しあっているので、ソリッドな実体というものを持たない、という一種の相対主義でものを捉えている（こういう相依・相関関係を仏教では「縁起」と呼ぶ）。そしてこの縁起的な相依思想や相対主義が、時には量子論に似ていると、あるいは生態学や情報理論に似ていると、あるいはポスト構造主義的な文化相対主義に似ていると、さまざまに言われてきた。とくにニューサイエンスでは量子論と華厳経がセットにして語られたりして、八〇年代の日本では、従来は抹香くさいダサいものだと思われていた仏教がモダンでカッコいいものだと思われるようになったのだった。

そういう新奇な流行とは離れたところに立つのだが、仏教思想からイスラム思想まで東西の哲学に通じた知の巨人、井筒俊彦もまた、華厳思想の縁起論的なものの見方に世界を知る鍵のようなものがあることを期待していた。氏の特徴は東西の類似する神秘思想の比較を通じて新しい世界展望をもたらそうとするところにあったと思われる。

試みに氏の『コスモスとアンチコスモス──東洋哲学のために』の第I部を覗いてみよう

［井筒］。ここで氏は仏教の華厳思想とさまざまな古代・東洋思想を比較している。

華厳の世界観は、伝統的に、互いに映しあう無限の鏡の比喩をもって語られてきた。燭台を無数の鏡で取り囲むと、すべての鏡が燭台の灯を映し、無数の他の鏡に映った鏡像の灯も、それぞれが映しあう。この関係が無限に広がっているとイメージすることができる。これと同様に、宇宙中の現象はすべてみな全宇宙の現象を反映しており、事（現象）と事（現象）が無礙に（どこまでもどこまでも）反映しあう。すなわち「事事無礙《じじむげ》」であると。私自身のあり方には環境をなす人間や自然のあらゆる要素が反映されているというわけだ。

井筒は華厳に似たものとして、一二世紀イランのスフラワルディー「光の殿堂」のイメージ（光源の光が無数の光輝として重々に展開）や、新プラトン主義者プロティノスの「光が光を貫流する」というイメージ（いっさいのものがいっさいを映しだすという意味で世界は透明であり光が貫流している）、またイブン・アラビーの「存在一性論」、荘子の「渾沌」、ライプニッツの「モナド論」に言及する。

イブン・アラビーのイスラム神秘思想について言えば、ここでは神という普遍レベルの存在についてその多様性と斉一性が論じられているわけだが、これが華厳における事物の多様性と斉一性の議論とパラレルであるとし、華厳の「事事無礙」（さまざまな個物がどこまでも相互に映しあうこと）に対してイブン・アラビー思想がいわば「理理無礙」（神のさまざまな普遍がどこまでも相互に映しあうこと）であることを提唱している。かくして華厳とイスラム神秘思想とが同一の哲学的枠組みを通じて理解できるものになると考えられているわけだ。

私はこういう形而上学的議論というのはとてもおもしろいと思うのだが、ここでむしろこだわってみたいのは、次の点である。こういう議論は、諸文化の歴史的類似性を理解させるのには役にたってきたけれども、現在のわれわれの思想の血肉となることは、どうやらほとんどなかったのはどうしてであろうか？

華厳思想もイスラム神秘思想も、二〇世紀の一時期に注目を浴びたわりに、その後が鳴かず飛ばずである。それはなぜであろうか？

この種の宗教哲学は、程度問題を無視したものの見方をするのが特徴である。事物と事物が相互に反映しあっていると言っても、自ずから程度の差というものがあるはずだ。私のあり方にはたしかに家族や友人のあり方が濃厚に関わっている。しかし地球の反対側にいる会ったこともない誰かの影響はほぼ無に等しいだろう。私が読んだことのある著作者の思想は私に直接影響しているが、私が読んだことのない著作者の思想は仮に陰ながら影響しているとしても、その程度はずっと薄いものだろう。物体Aに対して直近にある物体Bや、遠くても大質量の物体Cは重力的に大きな影響を及ぼしているが、遠く離れた微小な物体どうしの重力の作用は無視していい程度のものだ。

いや、カオス理論や気象学で言うバタフライ効果によれば、一匹のチョウの羽ばたきが地球の反対側の気象のありように影響しうるのだそうだから、私と他者のいっさいとの、世界全体との相互関係を意識することには意味があるとも言える。しかし、こうした知見が出てきた土壌がやはり数値計算を旨とする自然科学であり、坐禅をして瞑想ばかりしている東洋哲学ではなかったことに注意を払いたいと思う。

結局、「私」のような個々の事物に対してあれこれの環境的事物の影響の大小を一つひとつ量的に測っていくことのほうが大事であり、それが数量化できるようなものではない場合にも、スペクトラムの物差しのなかになんとか位置づけて差異を見出すという意味で「定量」的なものの見方に徹することで、西洋発の科学というものが生まれたわけだ。それをやらずに千年一日のごとく神秘主義者の十把一絡げな瞑想的知見を珍重してきたのが、井筒の展望する東洋文明なのである。

どうやら井筒は、東西の神秘主義思想に似たところがあるのは、いずれも世界の真相に触れているからだと考えているようなのだが、私にはむしろ、いつも内に引き籠って自己と世界とを対峙させることだけを考え、物理や社会という外界に興味を示さない神秘思想家の考え——というか独り言——が文化の違いを超えて似たものになるのはむしろ当然ではないかと感じられる。

宗教というものに懐疑的であった哲学者バートランド・ラッセルは、神秘主義思想の中にある智慧には耳を傾けるべき要素があるものの、神秘主義者は「実在」を論理的な意味では使っていない、**神秘主義は「事実」ではなく「情緒」を表現している**と評している［ラッセル］。私には、一九三五年に書かれたラッセルのこの本の辛辣な見解を超えるものが、ニューサイエンスにおいても、ポストモダン的相対主義においても、井筒氏のような比較宗教論においても、果たして出てきたものか、はなはだ心もとないように感じられるのだ。

終章　陰謀論か無神論か？　宗教と亜宗教のゆくえ

二〇世紀の諸言説の陰謀論的傾向

第5章では二〇世紀初頭にはじまるキリスト教ファンダメンタリズムの反進化論的言説を、第6章では二次大戦後にはじまるUFO言説を、第7章と第8章では二〇世紀半ば以降のニューエイジ言説と疑似科学的なポストモダン言説を眺めてきた。

これらの亜宗教は、科学から資本主義まで、個人主義から競争社会まで、主流社会のあり方に対して大なり小なりの異論をつきつけていた。それらは、いったい主流文化の何に対して不満をもち、政治的にはどのような立ち位置にあったのだろうか？

ファンダメンタリストや福音派は、聖書を絶対の真理と考えない主流のリベラル文化そのものが嫌いなのであった。彼らは政治的には保守・右翼を形成している。

ニューエイジは聖書の伝統的権威を認めず、性や性指向の自由を認めるなど個人主義的な主流文化に親和的だが、近代科学を含む産業文明のあり方にかなり急進的な形で疑念を投げかけているのだった。政治的にはリベラル・左翼型だ[*45]。

異星人とのコンタクトにこだわるUFO信仰の場合、不満の種はUFOの「真実」を政府や空軍が認めないことである。それは政府陰謀論の強力な推進者であり続けた。

陰謀と言えば、宗教保守もニューエイジも大なり小なり陰謀論的な性格を帯びている。

ファンダメンタリストや福音派は、進化論の推進者を世間を堕落に導く「笛吹き男」と見なしていた。この構図は陰謀論的だと言えるだろう。悪しき勢力が世をたばかっているという善悪二元論的な思考だ。民衆の味方を自認する宗教保守は、産業資本と結託して社会改造を推し進める政府や大企業やマスコミのやることなすことを疑惑の目で見ているから、二一世紀になって浮上した地球温暖化問題に対してもまた、グローバルエリートのでっち上げと見るようになった。

＊45　文化的に欧米社会に追従してきた日本であるが、こちらは宗教的文脈が異なるので、欧米のように宗教的保守（福音派）が右でニューエイジが左という対立構造にはならず、神道ナショナリズムの文化意識とニューエイジ的「精神世界」ないし「スピリチュアル」とは合同しやすい環境になっている。つまりどのみち右寄りになりやすい。欧米においてキリスト教的伝統を批判して東洋宗教を称揚しているニューエイジは左寄りになるのに対して、東洋宗教の時代の到来というご託宣をありがたく奉戴した日本的ニューエイジは自ずから右っぽくなるわけだ。

他方、ニューエイジの瞑想的スピリチュアリティは、二つの異なる論理回路によって陰謀論に接近する傾向を見せている。

第一。もともとマジカルな思考の彼らは、物事の真偽を主観的な効果の感覚によって測る傾向がある。迷妄に満ちている世界に覚醒をもたらすには、カスタネダやライアル・ワトソンがやってみせたように、トリックスター的な虚構を演出することも厭わない。

トリックスターは、八〇年代のポストモダン世代の間に流行した人類学的概念である。これは、古代やいわゆる未開社会の神話に登場する、嘘をついたり非常識を演じたりしつつ結果的に世界によい効果をもたらす神話的英雄のことで、英語 trickster の意味はずばり「ペテン師」である。ポストモダンの論者たちがワルノリしながら疑似科学的な用語を使ってみせたのも、あるいはトリックスター気取りだったのかもしれない。これは一歩間違えれば、ニューエイジとは世をたばかる陰謀集団だと触れ回っているようなものだった。つまり右派が左派のリベラルな主張を陰謀と見る素地をつくったと言えるわけだ。

なお、『アクエリアン革命』の邦題で知られる一九八〇年刊行の著名なニューエイジ系の未来展望エッセイの原題は *The Aquarian Conspiracy*（直訳すれば「アクエリアン陰謀」）であった［ファーガソン］。ここでは conspiracy を〝精神（spirit）の共有（con-）〟くらいの意味で使っているが、陰でこそこそやっている感が伴うことは否めなかった。

第二。二一世紀に入ってニューエイジの系統から被害妄想的で攻撃的な陰謀論が出現するようになった。その典型例として知られているのが英国のニューエイジ系陰謀論者デーヴィッド・アイク（一九五二〜）である。

レプティリアンの陰謀

アイクの履歴はめまぐるしいものだ。まずサッカー選手からはじまって、スポーツ番組キャスターとなり（七〇年代）、マスコミの裏事情に違和感を覚えてからは環境運動家になり（八〇年代）、緑の党のスポークスマンとして活動したのだが、やがて政治にも愛想を尽かしてニューエイジ的な覚醒をとげ（九〇年代）、人々に受け入れられずにいると次にはイルミナティによる世界の陰謀的支配を説くようになった（二一世紀）。イルミナティは古典的陰謀論によく登場する秘密結社であるが、彼の場合、異次元空間上に生息するレプティリアン（爬虫類人）なるものに操られているのだと言う。

本来は社会よりも心理の舞台でものを考える傾向のあるスピリチュアルな人々は、社会的現実感に乏しいぶんだけ求道の挫折から一挙に魔界の陰謀論に向かっていく傾向をもっているという見立ても可能だろう。世の中が明るいうちは明るいトリックスター的陰謀論を楽しんでいればいいのだが、未来が怪しくなってくると今度は外界の悪しき勢力の陰謀論にリアリティを感じるようになる。

　ニューエイジは英米社会にはじまりながら、日本などにも影響力をもっている（なにせ覚醒思想の淵源の一つが東洋的な解脱であったのだから）。仏教系カルトであるオウム真理教の教祖もまた、オカルトめいた覚醒の修行が嵩《こう》じて政治進出を狙って選挙に敗れたことをきっかけに、社会全体を敵に回す陰謀論的な幻魔大戦の神話に身を委ねた。これもまた、霊的覚醒から陰謀論に一直線に向かうロジックの典型だ。

　ちなみに、アイクの言う「爬虫類人」は日本語的にはかなり浮いて聞こえるが、英語のレプタイル（爬虫類）が「破廉恥漢」を意味し、そのイメージの源泉に、エデンの園でエバを誘惑したヘビや、黙示録の世界で大天使ミカエルがやっつける竜があることを思えば、欧米キリスト教圏ではそれほど突飛な発想ではないのかもしれない。

　もう一つ補足すれば、ニューエイジは東洋宗教の影響を濃厚に受けているとはいえ、やっている当事者たちは西洋文化に育った者たちなのだから、やはり聖書的イマジナリーのなかに生きている。

　そもそもニューエイジ信奉者がやたらと覚醒を求めるのは、やたらと回心を迫る宣教師の伝統を受け継ぐものだ。アメリカ史では独立戦争前、独立戦争後、南北戦争後の三回ほどキリスト教系の「大覚醒 The Great Awakening」運動が起きているが、七〇年代の福音派もニューエイジも、四回目の大覚醒運動と呼べるようなところがある。

なお、意識の覚醒と言えば明るく楽天的であるが、キリスト教の信仰復興運動には終末の戦いと神の審判の匂いが漂っている。宗教右派も左派系スピリチュアルもともに陰謀論に似た暗い情念を潜在させているのだ。

Qアノンの幻魔大戦

先進国とくにアメリカにおける亜宗教的な現象として近年とくに注目を浴びたのは、Qアノン（アノン＝匿名《アノニマス》）だ。二〇一七〜二一年のトランプ政権下、インターネット匿名掲示板「4chan」に「Q」を名乗る自称・軍関係の高官なる人物が、ほのめかしあるいは予言めいた書き込みをおこなうようになり、これをコアとして光と闇の幻魔大戦のような妄想が一部の市民の間に広まった。

それによれば、民主党議員やグローバル・エリートたちは小児性愛者なのだそうであり、人身売買組織から手に入れた子どもたちを性的に虐待するのみならず、子どもたちの血を吸ったり人肉食もやっているのだとか。こうした悪魔信仰の秘密結社がディープステイトなる闇の政府であり、これがアメリカ政府を陰で操っている。「Q」はネットを通じてこれらに関する数々のヒントを送っている。パズル解きのような形式がいかにも現代風だ。

トランプはリベラルの間では虚言癖のツイート王として知られているが、Qアノン型の福音信仰の世界観では、むしろ正しき道徳のおこなわれる聖書奉戴の神の国アメリカの再生はトランプにかかっているとされる。

闇世界の悪との戦いといった図式の陰謀論は、「絶対神」という独裁者が「陰ですべてを操っている」という世界観をもつ一神教にはもとより親和的なのだという見方がある〔「中央公論」（森本）〕。また、やたらと小児性愛を強調するのは、聖書的伝統が弾圧してきた同性愛が大人の権利として市民権を得たいま、憎悪の対象として小児性愛——日本の漫画文化なんかも全部含めてしまうような広い概念だが——が浮上してきたということがあるようだ。

その他、Qアノン的な善悪の戦いの構図は黙示録的であるとか、救世主による世界の変革を強調するのは福音的であるとか、聖書の神話的伝統が背景にあるのは間違いない。[*46]

このように、**全般に宗教が衰えている現代先進国においても、なお、神話のマジカルな想像力が生きており、ときに政治のような現実世界に強く干渉しようとしていることが窺えるのである。**

異教的モチーフももちろん健在だ。

二〇二〇年の大統領選挙でトランプが負け、選挙結果も覆らず、救世の大変革（ストームという）も起きなかったとき、一部のトランプ支持者が「Q」の旗を掲げつつ大挙して連邦議会議事堂に乱入した。乱入した群衆の中で異彩を放っていたのが、角をつけて北欧神話のベルセルクル（熊皮をかぶって憑依した狂暴戦士）の姿をした「Qシャーマン」ことジェイク・アンジェリ（本名ジェイコブ・アンソニー・チャンスリー）である。彼のなかなか見ごたえのある異教風のコスチュームが、福音派ではなくニューエイジあるいはペイガニズム（異教信仰）に属するものであることは、もっと驚かれてもいい事案の一つとなっている。彼は収監先で自然食品を要望したそうだが、このあたりにもニューエイジっぽさが漂っている。

いまや、キリスト教右派として知られる福音派の空想世界も、リベラル・左翼と親和性が高いとされるニューエイジ・スピリチュアル系の空想世界も、混交しつつあるらしい。ある意味、分断化とは真逆の現象だ。右も左もオカルトで融合しつつある。ともあれ、こんな具合で、かの国においては、宗教ないし亜宗教のマジカルな思考はいまなお健在——ますますお盛ん？——なのである。

＊46　あるいはキリスト教初期の中東・地中海世界で流行した善悪二元論的なグノーシス主義に似たパターンだとも言える。グノーシス主義については［大貫］を参照のこと。

陰謀論の時代？

しかし、陰謀論は本当に「お盛ん」なのだろうか？　支持者が増え、影響力を増し、世の中を変質させつつあるのだろうか？

じつはここのところがよくわからない。Qアノン登場とともに、陰謀論を扱ったたくさんの本やムックが現れたが、『陰謀論』の時代」［『現代思想』②］、「陰謀論が世界を蝕む」［『中央公論』］という評論誌のタイトルが示すように、二〇二一年ごろにはQアノン型陰謀論によって世の中は新時代に入ったかのような印象があった。コロナ禍における反ワクチン論や地球温暖化否定論などの「流行」の影響もある。

しかし、二〇二二年のアメリカ中間選挙の時点ではトランプの影響力の低下が話題となっており、むしろ世の中がもっとも懸念しているのは、ロシアのウクライナ侵略というリアルな戦争や、中国の独裁体制のほうだ。あるいは、ロシア正教会がプーチンを首席エクソシストにしたといったような伝統宗教そのものの奇矯さであるとか、実勢力としては落ち目の旧統一教会と多数の自民党議員との利害の一致や、タブー化していた宗教二世の救済問題をめぐる、いわゆるカルト問題のほうである。

また、陰謀論言説に動機を供給しているという民主党VS共和党のような社会的分断や政治的分極の実質的な意味もよくわからない。というのは、実際の対立が起こっているのは、左派・

リベラル・民主党と右派・保守・共和党の間ではなく、民主党と共和党の違いなく推進されてきた新自由主義やグローバル化の「勝ち組」エリート層とローカルな労働者との間であると言われているからだ。同様のことは欧州でも進行中である。政治哲学者マイケル・サンデルの指摘する現代社会の前提をなす能力主義も、こうした勝者・敗者問題に絡んでいる（『実力も運のうち　能力主義は正義か？』［サンデル］）。

また、右派や保守の流していている神話が悪目立ちしている一方で、世の中のリベラル化が着実に進行しつつあり、とくにZ世代は価値観的に保守とも福音派ともほど遠いというのも、分断の実態をわからなくしている要因である。

さらに言えば、陰謀論者の総数が増えているのかどうかもわからないし、陰謀論の数そのものも増えているのかどうかわからない（二〇世紀にはユダヤ人やフリーメイソンをめぐる古典的陰謀論、ホロコースト否定論、赤狩りのマッカーシイズム、ケネディ暗殺陰謀論、アポロは月に行っていない論、エイズ否定論、それにファンダメンタリストの反進化論、UFO信者の政府陰謀論、等々が次々と生まれていたのであり、その延長上に、二一世紀初頭の爬虫類人陰謀論、九・一一テロ陰謀論、上空を汚染物質が漂うケムトレイル論、そして地球温暖化陰謀論、反ワクチン論が新たな話題をさらっているのだ）。

アメリカの政治学者ジョゼフ・E・ユージンスキの『陰謀論入門』の示すところでは、いつの時代にも新聞は「今や陰謀論の時代だ」と告げてきた［ユージンスキ］。この本は二〇一九年までの資料に基づいて書かれたものだが、それによれば、エビデンス的には、陰謀論の総数や支持者の総数が近年とくに増えているわけでもなく、また、右派・保守のほうが左派・リベラルよりも陰謀論に傾倒しているわけでもないのだそうだ。

アメリカ政治思想史家の井上弘貴の意見では、保守は「防衛する」という意識がとても強いので、共産主義がアメリカの生活を脅かすことを恐れていた戦後の赤狩り時代のように、保守的意識が陰謀論と結びつきやすくなるのは自然だという［「現代思想」②］。なるほどそうかもしれないが、経済生活の「防衛」や人権の「防衛」であれば、左翼のほうだって陰謀論に走りそうである。

ユージンスキは二〇一六年の民主党候補バーニー・サンダースの例を挙げている。サンダースは、米国の富裕度上位一パーセントの最富裕層が国家の経済・政治システムを不正に操作し、自分たちの利益に合うように、他の人々を犠牲にするよう仕向けていると主張した。左派から見ればこれは事実に関するレトリカルな表現ということになるが、厳密に考えれば「陰謀論」のカテゴリーに入ってしまう。経済政策が富裕層と貧困層の格差を広げているのは事実だとしても、それをもたらしたのが個々の当事者の権謀術策というわけではない。

反ワクチン運動や地球温暖化陰謀論などは、単純に右側か左側かとは言えない様相を呈している。

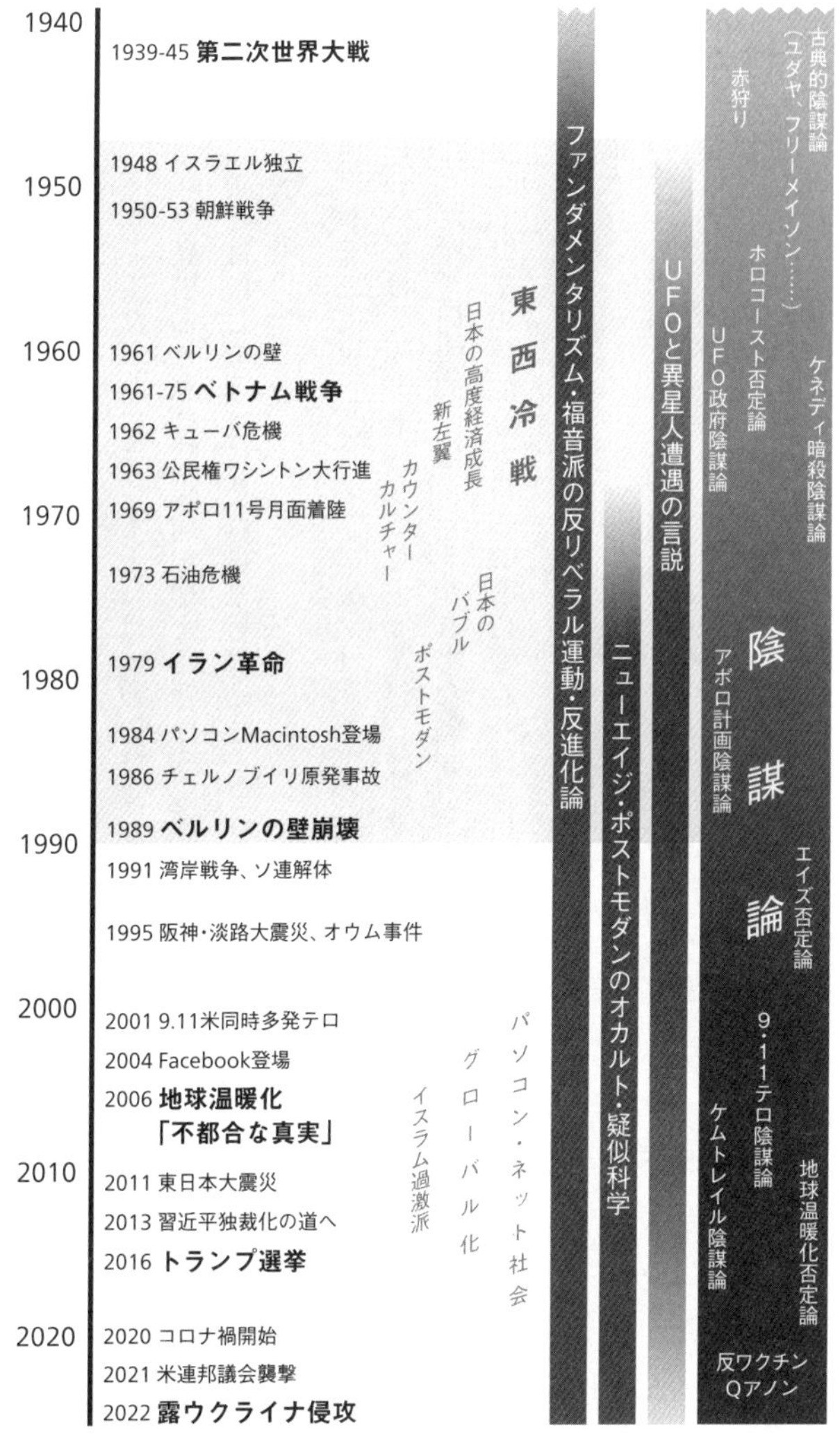
1940
1939-45 第二次世界大戦
1948 イスラエル独立
1950
1950-53 朝鮮戦争
1960
1961 ベルリンの壁
1961-75 ベトナム戦争
1962 キューバ危機
1963 公民権ワシントン大行進
1970
1969 アポロ11号月面着陸
1973 石油危機
1980
1979 イラン革命
1984 パソコンMacintosh登場
1986 チェルノブイリ原発事故
1990
1989 ベルリンの壁崩壊
1991 湾岸戦争、ソ連解体
1995 阪神・淡路大震災、オウム事件
2000
2001 9.11米同時多発テロ
2004 Facebook登場
2006 地球温暖化「不都合な真実」
2010
2011 東日本大震災
2013 習近平独裁化の道へ
2016 トランプ選挙
2020
2020 コロナ禍開始
2021 米連邦議会襲撃
2022 露ウクライナ侵攻
東西冷戦
日本の高度経済成長
新左翼
カウンターカルチャー
日本のバブル
ポストモダン
イスラム過激派
グローバル化
パソコン・ネット社会
ファンダメンタリズム・福音派の反リベラル運動・反進化論
ニューエイジ・ポストモダンのオカルト・疑似科学
UFOと異星人遭遇の言説
古典的陰謀論（ユダヤ、フリーメイソン……）
赤狩り
ホロコースト否定論
UFO政府陰謀論
ケネディ暗殺陰謀論
陰謀論
アポロ計画陰謀論
エイズ否定論
9・11テロ陰謀論
ケムトレイル陰謀論
地球温暖化否定論
反ワクチン
Qアノン

9-1　戦後の思想年表

それからもう一つ、ユージンスキによれば、インターネット環境が陰謀論、疑似科学、ヘイトスピーチ、人種差別、過激主義を世に広めているというのも、じつはあまりあてにならない憶測なのだそうだ。たしかにネット上には無数の陰謀論やフェイクニュースが流れている。しかし、ネットの登場とともに陰謀論が増えたという通説にはエビデンスはほとんどなく、一般の人が陰謀論を目にして即座にそれに宗旨替えするということも、一般にあまりあり得そうなことではない。

もっとも、検索してヒットする内容がＡＩ御推奨の疑似科学であるといったこともあるし、当該分野についてほとんど無知な人にとっては、インチキな情報でも感化されるということはありそうだ。だから局所的にはネットが有害な働きをしていないわけではない。ネット環境は刻々と変貌している。要注意であることに変わりはない。

無神論の時代？

『21世紀の啓蒙』で知られるスティーブン・ピンカー[*47]によれば、世界史の表層がどのように見えようとも、歴史における「解放的価値観」の浸透は――イスラム圏なども含めて――コンスタントに進んでいるらしい［ピンカー①］。保守と言われる人々も、一〇〇年前に比べればかなり個人主義的で自己の自由に敏感になってきていることは確かだろう。彼の示すところでは

「宗教の巻き返し」にも証拠がない。イスラム主義であれ、福音派であれ、ロシア愛国主義であれ、一見、宗教の動きが盛んであるように見えても、現代世界の価値観調査から浮かび上がってきたのは「宗教の凋落」だという政治学者ロナルド・イングルハートの見立てでもある［イングルハート］[*48]。

伝統的な保守・リベラルあるいは左翼・右翼の対立は分断化というよりも混沌化しており、むしろ気になる兆候は、大地に縛られない情報系エリートたちと大地に縛られた労働者たち（たとえば米国ラストベルトの白人労働者階級）との意識の分断や、旧来の宗教、亜宗教、そして政治の枠で考えている旧世代（陰謀論やトランプに熱狂する者たちを含む）と、それよりも気候危機などに「未来を奪われている」自分たちの人生設計に暗澹たる思いを抱えている若い世代との意識のギャップである。

興味深いのは、このZ世代が大局的な意味でのリベラルな価値の増大に信頼を置き、（少なく

＊47　彼は米国の警察における「制度的レイシズム」を否定したところからリベラル側から批判を受けたが、彼は批判者が証拠によらずドグマを説いている（いわゆるキャンセルカルチャー）として反論している［ピンカー②］。

＊48　イスラム諸国は別として世界中で基本的に起きていることは、生殖・繁殖を規範とする宗教的価値観から世俗的な個人選択規範への急速なシフトだという。

とも一神教的な文脈においては）無神論ないし無宗教の傾向を示してきているらしいことだ。

半世紀前に大人たちにもの申したヒッピー世代や団塊の世代は、意識の覚醒の回路をしばしばマジカルで宗教的なものにしたものだが（それがニューエイジだ）、いまのところ、グレタ・トゥンベリなどのメッセージが概ね「科学者の言うことを聞け」に留まっているのは、非常におもしろいことだと思う。

これが今後どうなるかは簡単に予測できない。本書で見てきたように一九世紀以降の亜宗教の花園状態は、基本的に（自然）科学の発展に伴う宗教の低迷化と関係がある。人々は宗教的テーマ（来世や奇跡など）にノスタルジーを覚えており、それを破壊するかに見える進化論に噛みついたり、伝統的な神霊の代わりに異星人をもってきたり、科学と宗教を乱暴に融合したりしてきた。しかしどうしようもなく科学は発展しているのであり、宗教ならびに亜宗教の意識革命の試みはこの一〇〇年間ずっと空回りという実績をつくってしまったのである。

若い世代はスピリチュアルというよりもっとリアルな悩みを訴えている。ということはつまり、二一世紀にはいよいよ宗教とその余波である亜宗教に引導が渡される事態がやってきつつあるのだろうか？

しかし一方で、人間の「まちがった因果を考えてしまう」傾向が不変のものである限り、今後も亜宗教的なものが衰えるとは考えにくい。**安定を求めてなにかをカミサマとしてそれにし**

がみつくということであれば、資本主義にだってナショナリズムにだって疑似科学にだってしがみついてしまうのが人間だ。失敗に転落しやすいヒューマニティの危うさについては、むしろ過去に無数の失敗を重ねてきた経験をもつ伝統的宗教の海千山千の知恵というのが、今後も有効であり続けるような気もする。

無神論は（亜）宗教か？

本書では最後に、ドーキンスやデネットなどの科学者や哲学者が盛んに提唱し、若い世代に影響を与えている無神論（科学的無神論、新無神論）をめぐる、「これもまた一種の（亜）宗教ということになりはしないか？」という論点を検討することにしたい。

無神論の啓蒙書としては進化生物学者のドーキンスの『神は妄想である』が非常に有名であり、影響力も大きい［ドーキンス②］。神を妄想と呼んではばからない彼の断言の仕方こそが「原理主義的だ」という反発があることは確かだ。なるほど、ドーキンスは神学の十分な知識をもっているわけではないし、「宗教」と呼ばれる現象が社会・文化的に多様な広がりをもっていることを気遣っているふうもない。彼が並べ上げる宗教の悪徳の実例は、「確証バイアス」（持論にとって都合のいい事例ばかりに目を向けるというバイアス）の典型だという指摘もある。

そのあたりのことを考えると、彼の宗教否定論によって現実の宗教のすべての側面が否定されることになるようには思われない。じつのところ、彼の盟友であるデネットは、宗教の役割についてドーキンスよりも緩やかで肯定的な見方をしている（二〇〇七年におこなわれたドーキンスを含む無神論者の対談の記録に対するデネットのコメント［Fry］）。

しかし一方で、ドーキンスの言おうとしていることのコア部分は的を射ているようにも思われる。彼の論点の第一は、「科学は自然の事実を扱い、宗教は人生の意味や倫理を扱う」という分業は成り立たないということである。祈りや奇跡と切り離せない概念である神なるものは、必ずや物理的世界に干渉する（信者によってそう主張される）。それゆえドーキンスは科学を生業としつつも、神概念とそれに伴う奇跡概念や教典信仰の妥当性・非妥当性について堂々と口を挟む。これは筋が通っているだろう。

彼の論点の第二は、科学的な事実関係をめぐるフィールドに引き出された神の振る舞いは筋が通らないものであるがゆえに、その存在自体の蓋然性が低いということである。この確率論的思考が無神論の論点であり、蓋然性の低いものに頼った世界理解をしないのが科学のモットーである。科学が下から積み上げて実証していくのに対し、信仰は神の存在やその奇跡や戒律を空中から引き出してくる（クレーンとスカイフック、第5章参照）。この議論も筋が通っている。

なお、神の観念が心理的に役にたつかどうかという世間一般の関心は、ドーキンスや無神論者にとっても伝統的な宗教にとってもメインの論題ではない。心理的に役にたつがゆえにこそ宗教が大切だというのは、少なくとも伝統的な宗教の主張ではない。宗教は単に自分が事実を述べていると主張してきたのである（このあたり、第7章のカスタネダをめぐる議論や第8章のソーカル事件をめぐる議論を参照のこと）。

伝統宗教の偏見

私としてはドーキンスや現代の多くの無神論者の神への懐疑的な立場には十分合理性があると思う。そしてそれは単に合理的推論なのであって、宗教・亜宗教ではない。

無神論者がさらに問題にするのは、宗教信者の信じる神が、ただの抽象的で普遍的な絶対者ではなく、「豚肉を食べない」など具体的・特殊的な戒律や道徳と結びついた神であるということである。この二つは論理的にどう考えても結びつかない。この点を無神論的な歴史学者ユヴァル・ノア・ハラリは次のように表現している［ハラリ②］。

忠実な信者たちは、神が本当に存在するかどうか訊かれると、得体の知れない宇宙の神秘や人間の理解の限界について話し始めることが多い。「科学にはビッグバンは説明できません」と彼らは声高に言う。「ですから、神のなさったことに違いありません」と。

とはいえ、気づかれないうちにトランプのカードをすり替えて観客の目を欺く手品師さながら、信者はたちまち、宇宙の神秘を世俗的な立法者にすり替える。宇宙の未知の秘密に「神」という名を与えてから、このすり替えを使って、どういうわけかビキニや離婚を非難する。「私たちはビッグバンが理解できません。したがって、人前では髪を覆い、同性婚には反対票を投じなければいけません」と言う。

両者には何の論理的つながりもないだけではなく、じつは両者は矛盾してさえいる。宇宙の神秘が深いほど、何であれその原因となる存在が、女性の服装規定や人間の性行動など気にする可能性は低くなる。（二五八〜二五九ページ）

抽象的な神の神学で自己の信仰を正当化しておきながら、そこから特殊的な偏見の正当化に向かうということは、実際、理性的で開明的とされる宗派においてさえおこなわれている、と、ドーキンスらは言う。

たとえばリベラルで穏健とされる英国国教会においてさえ、ヨークシャーで洪水が起きたとき、それを「同性愛者」に対する神の罰のように語った大物司教らがいたことをドーキンスは指摘している。ドーキンスは、彼を原理主義的と言って批判する神学者マクグラスのやるべきことは無神論者の足を引っ張ることではなくて、この司教らの原理主義をいさめる公開メールを送ることではないかと揶揄している（二〇〇七年の対談［Fry］）。

ちなみに同性愛を宗教が対象とする倫理的な問題と捉えるのは誤りだ。同性愛〜異性愛のバラツキはちょうど発達障害のバラツキと同様に自然科学的事実であり、ただ伝統宗教はその事実を知らず、「反自然」あるいは「存在せず」という多数派の偏見をそのまま倫理的判断に持ち込んで、それ以上の議論をシャットアウトしてきたのである。そして偏見をそのままにしてもいいのだとお墨付きを与えるのが、伝統的な神信仰ないし教典崇拝だったのである。

「不信」という信仰

さて、リチャード・ドーキンス（進化生物学者）、ダニエル・デネット（哲学者）、サム・ハリス（神経科学者）、クリストファー・ヒチンズ（ジャーナリスト）、アヤーン・ヒルシ・アリ（政治家）、スティーヴン・ホーキング（物理学者）、ダニエル・ラドクリフ（俳優）、アーミン・ナヴァビ（活動家）、ユヴァル・ノア・ハラリ（歴史学者）といった著名人と足並みを揃えるように、二一世紀の欧米の若い世代において無神論がかなり急激な速度で成長してきている。しかしこれを大衆的な運動体として見るとき、そこに「宗教」「亜宗教」的なものが発動していないと断言できるだろうか？

というのは、理論としての無神論は、その論理を理解するのにそれなりの修練の手間がかかるからだ。

つまり、**最初から宗教に関する知識もなく、自分のなかの宗教的願望にも気づいていないような人が、ただ、トレンディだから、権威者が言っているから、自らのアイデンティティのよすがにしたいからというだけで「無神論」をやっているのなら、それはどちらかというと「宗教」的な態度である。**そのように曖昧な姿勢であれば、いざ自分が人生に挫折して、それまで死のことなんて考えたこともなかったのに急に死の強迫観念にとらわれたとき、手もなく天国や輪廻や交霊術を信じるようになるかもしれない。

というわけで、あくまでも暫定的な結論だが、現在拡大中の無神論は、ロジックとしては「宗教」とは真逆の立場である（したがって無神論は宗教でも亜宗教でもない）と言えるかもしれない一方で、それをただ感情的に支持するだけの人々のケースに焦点を当ててみる限りは、やっぱり宗教・亜宗教の部類と言えてしまうところが残るだろうと思う。

無神論の世代が自らの抱える盲点によって、今後、「ニューエイジ」「ポストモダン」「ポストトゥルース」に次ぐ新たな「亜宗教」を構成することは考えられるし、それが漠然たる信仰に頼っている旧世代との間に知の分断をつくるということも考えられるかもしれない。

なお、無神論をめぐる問題に関しても、日本や東アジアは欧米とは異質な環境に置かれている。それはこの地域の大半の人々が一神教徒ではないからだ。

たとえば日本だが、「悟り」を求める仏教のロジックは、原理的には一神教とは違った質のものであるし、伝統的な霊信仰の場合も、霊の実在性が形而上学的に屹立したものとはなっておらず、漠然としたレトリックに留まっているように見える。

では、欧米発の無神論は、今後の日本や東アジアに感化するところがあるのであろうか？私の見るところ、無神論など欧米の懐疑主義者の議論は、日本の宗教・亜宗教の伝統にも、たぶん相応のインパクトをもつことになる。「神」や「奇跡」が疑えるように、「悟り」や「輪廻」も疑うことができるからである。

他方で、東洋宗教の影響を受けた一九世紀のオカルトから二〇世紀のニューエイジまでの亜宗教的動向から占うならば、欧米と日本・東アジアの間の影響関係は、今後も引き続き相補的なものとなる公算が高い。欧米はすでに禅や密教や輪廻やアジア的なアニミズムをかなりの程度受容している。この傾向は今後も続くだろう。

つかぬ話をしよう。欧米の若い世代の間で日本の漫画・アニメ文化が受け入れられていることはよく知られている。コロナで引き籠りながら日本の学園漫画をおもしろく読んだ若い世代は、「Senpai」「Moe」「Kuuki Yomenai」などといった英訳できない日本語までも楽しんで味わえるようになっているらしいが、そんなサブカルに含まれる微妙な心理や秩序感覚——そこにはアニミズム的なものも仏教・儒教的なものも含まれる——は、キリスト教の神学論争にも似たイデオロギー対立やキャンセルカルチャーが今や空回りしつつあるように見える欧米社会に対し、新たな亜宗教的インパクトを与えることが十分あり得ると思う。

そんな小さなこと！　と言うなかれ。

未来のことは誰にもわからない。亜宗教の歴史から学んだことは、ひとつの文化勢力はいつも（少女のたてたラップ音や飛行物体の勘違いのような）突拍子もないところからはじまるということだ。

亜宗教トリップガイドの筆者としては、柔軟なまなざしをもって、様子を眺めていきたいと思う。

参考文献

・宗教や宗教学の一般的な図書を除く。
・最初に雑誌・ムックを、次に著者・編者名を漢字、カナ、英字の順に並べている。カナや英字の太字は姓を示す。

・『神霊界』（皇道大本機関誌復刻版）、八幡書店、1986
・『現代思想』①（臨時増刊：ユング）、青土社、1979
②（「陰謀論」の時代）、青土社、2021年vol.49-6
・『中央公論』（陰謀論が世界を蝕む）、中央公論新社、2021年5月号
・『精神世界マップ』（「別冊宝島16」）、JICC出版局、1980

・秋月龍珉『一日一禅』上・下、講談社現代新書、1977
・浅野和三郎『神霊主義　心霊科学からスピリチュアリズムへ』（現代語訳）、でくのぼう出版、2003
・荒俣宏、鎌田東二『別冊文藝・神秘学カタログ』、河出書房新社、1987
・池田純一『〈ポスト・トゥルース〉アメリカの誕生――ウェブにハックされた大統領選』、青土社、

２０１７
・石川幹人『超心理学——封印された超常現象の科学』、紀伊國屋書店、２０１２
・一柳廣孝『〈こっくりさん〉と〈千里眼〉——日本近代と心霊学』増補版、青弓社、２０２１
・井筒俊彦『コスモスとアンチコスモス——東洋哲学のために』、岩波文庫、２０１９
・井上円了『妖怪学講義』（合本一〜六）、哲学書院、１８９７
・井村君江『妖精学入門』、講談社現代新書、１９９８
・井村君江、浜野志保編著『コティングリー妖精事件——イギリス妖精写真の新事実』、青弓社、
２０２１
・大田俊寛『現代オカルトの根源——霊性進化論の光と闇』、ちくま新書、２０１３
・大貫隆『グノーシス——「妬み」の政治学』、岩波書店、２００８
・小川忠『原理主義とは何か——アメリカ、中東から日本まで』、講談社現代新書、２００３
・小熊英二『１９６８』上・下、新曜社、２００９
・鎌田東二『神界のフィールドワーク』、ちくま学芸文庫、１９９９
・河合祥一郎編『幽霊学入門』、新書館、２０１０
・河村幹夫『コナン・ドイル——ホームズ・SF・心霊主義』、講談社現代新書、１９９１
・菊池聡『超常現象をなぜ信じるのか——思い込みを生む「体験」のあやうさ』、ブルーバックス、
講談社、１９９８

・菊地章太『妖怪学の祖　井上圓了』、角川選書、2013
・北杜夫『どくとるマンボウ青春記』、中央公論社、1968
・河野博子『アメリカの原理主義』、集英社新書、2006
・駒ヶ嶺朋子『死の医学』、インターナショナル新書、集英社インターナショナル、2022
・島薗進①『精神世界のゆくえ――現代世界と新霊性運動』、東京堂出版、1996
・②『スピリチュアリティの興隆――新霊性文化とその周辺』、岩波書店、2007
・島田裕巳①『カルロス・カスタネダ』、ちくま学芸文庫、2002
・②『オウム真理教事件』ⅠⅡ、トランスビュー、2012
・高橋巖『神秘学講義』、角川選書、1980
・竹林修一『カウンターカルチャーのアメリカ――希望と失望の1960年代』第2版、大学教育出版、2014
・立花隆①『臨死体験』上・下、文春文庫、2000
・②『証言・臨死体験』、文春文庫、2001
・谷口雅春『生命の実相　第1巻　総説篇／実相篇　上』、日本教文社、1962
・坪内隆彦『キリスト教原理主義のアメリカ』、亜紀書房、1997
・鶴見俊輔「方法としてのアナキズム」、『展望』1970年11月号、筑摩書房
・出口王仁三郎『本教創世記』、みいづ舎、2003（原1904）

・出口ナオ『大本神諭　天の巻』村上重良校注、平凡社、1979
・寺沢龍『透視も念写も事実である――福来友吉と千里眼事件』、草思社、2004
・内藤陽介『誰もが知りたいQアノンの正体――みんな大好き陰謀論Ⅱ』、ビジネス社、2021
・中沢新一『チベットのモーツァルト』、せりか書房、1983
・秦正樹『陰謀論――民主主義を揺るがすメカニズム』、中公新書、2022
・浜野志保『写真のボーダーランド――X線・心霊写真・念写』、青弓社、2015
・原田実①『トンデモ日本史の真相――人物伝承編』、文芸社文庫、2011
・②「出口王仁三郎は日本史上最高の予言者だった?」、ASIOS、菊池聡、山津寿丸『検証　予言はどこまで当たるのか』、文芸社、2012
・東雅夫『遠野物語と怪談の時代』、角川選書、2010
・福来友吉『透視と念写』(復刻版)、福来出版、1992(原1913)
・堀内一史『アメリカと宗教――保守化と政治化のゆくえ』、中公新書、2010
・真木悠介『気流の鳴る音――交響するコミューン』、筑摩書房、1977
・皆神龍太郎、石川幹人『トンデモ超能力入門』、楽工社、2010
・森孝一『宗教からよむ「アメリカ」』、講談社選書メチエ、1996
・森本あんり①『反知性主義――アメリカが生んだ「熱病」の正体』、新潮選書、2015
・②『キリスト教でたどるアメリカ史』、角川ソフィア文庫、2019

・柳宗悦『柳宗悦全集著作篇第一巻』、筑摩書房、1981（『科学と人生』1911）
・吉川浩満『理不尽な進化　遺伝子と運のあいだ』増補新版、ちくま文庫、2021
・吉村正和『心霊の文化史――スピリチュアルな英国近代』、河出ブックス、2010
・吉本隆明『死の位相学』、潮出版社、1985
・渡辺慧「『ニュー・サイエンス』をどう見るか」、『岩波講座　宗教と科学　別巻1』、岩波書店、1993
・デーヴィッド・**アイク**『恐怖の世界大陰謀』上・下、本多範邦訳、三交社、2009
・H・J・**アイゼンク**『精神分析に別れを告げよう――フロイト帝国の衰退と没落』、宮内勝、中野明徳、藤山直樹、小澤道雄、中込和幸、金生由紀子、海老沢尚、岩波明訳、批評社、1988（原1985）
・カート・**アンダーセン**『ファンタジーランド――狂気と幻想のアメリカ500年史』上・下、山田美明、山田文訳、東洋経済新報社、2019（原2017）
・ロナルド・**イングルハート**『宗教の凋落？――100か国・40年間の世界価値観調査から』、山崎聖子訳、勁草書房、2021（原2021）
・ブライアン・**インズ**『世界の幽霊出現録』、大島聡子訳、日経ナショナルジオグラフィック社、2021（原2019）

・コリン・**ウィルソン**『オカルト』、中村保男訳、平河出版社、１９８５（原１９７１）
・ポール・**エドワーズ**『輪廻体験――神話の検証』、皆神龍太郎監修、福岡洋一訳、太田出版、２０００（原１９９６）
・カーリス・**オシス**、エルレンドゥール・**ハラルドソン**『人は死ぬ時何を見るのか――臨死体験一〇〇〇人の証言』、笠原敏雄訳、日本教文社、１９９１（原１９８７）
・ジャネット・**オッペンハイム**『英国心霊主義の抬頭』、和田芳久訳、工作舎、１９９２（原１９８５）
・カルロス・**カスタネダ**①『呪術師と私――ドン・ファンの教え』、真崎義博訳、二見書房、１９７２（原１９６８）
②『呪術の体験――分離したリアリティ』、真崎義博訳、二見書房、１９７４（原１９７１）
③『呪師に成る――イクストランへの旅』、真崎義博訳、二見書房、１９７４（原１９７２）
④『未知の次元』、名谷一郎訳、講談社、１９７９（原１９７４）
・イヴォンヌ・**カステラン**『心霊主義――霊界のメカニズム』、田中義廣訳、文庫クセジュ、白水社、１９９３（原１９８７）
・F・**カプラ**『タオ自然学――現代物理学の先端から「東洋の世紀」がはじまる』、吉福伸逸、田中三彦、島田裕巳、中山直子訳、工作舎、１９７９（原１９７５）
・ロバート・T・**キャロル**『懐疑論者の事典』上・下、小久保温、高橋信夫、長澤裕、福岡洋一訳、楽工社、２００８

・エリザベス・**キューブラー・ロス**『「死ぬ瞬間」と死後の生』、鈴木晶訳、中公文庫、2001
・ジョー・**クーパー**『コティングリー妖精事件』、井村君江訳、朝日新聞社、1999（原1990）
・スーザン・A・**クランシー**『なぜ人はエイリアンに誘拐されたと思うのか』、林雅代訳、ハヤカワ文庫、2006（原2005）
・エドワード・U・**コンドン**監修『未確認飛行物体の科学的研究（コンドン報告）』第1巻、中山光正訳、本の風景社、2003（原1968）
同第3巻、仲間友紀、金田朋子、内山英一訳、星雲社、2005（原1968）
・カール・**サバー**『子どもの頃の思い出は本物か——記憶に裏切られるとき』、越智啓太、雨宮有里、丹藤克也訳、化学同人、2011（原2009）
・マイケル・**サンデル**『実力も運のうち　能力主義は正義か？』、鬼澤忍訳、早川書房、2021
・A・J・**ジェイコブズ**『聖書男——現代NYで「聖書の教え」を忠実に守ってみた1年間日記』、阪田由美子訳、阪急コミュニケーションズ、2011
・ルドルフ・**シュタイナー**『神秘学概論』、高橋巖訳、ちくま学芸文庫、1998
・ジュリア・**ショウ**『脳はなぜ都合よく記憶するのか——記憶科学が教える脳と人間の不思議』、服部由美訳、講談社、2016（原2016）
・サイモン・**シン**、エツァート・**エルンスト**『代替医療のトリック』、青木薫訳、新潮社、2010（原2008）

・イアン・**スティーヴンソン**『前世を記憶する子どもたち』、笠原敏雄訳、日本教文社、1990（原1987）
・レイチェル・**ストーム**『ニューエイジの歴史と現在――地上の楽園を求めて』、高橋巌、小杉英了訳、角川選書、1993（原1991）
・マイクル・B・**セイボム**『「あの世」からの帰還――臨死体験の医学的研究』、笠原敏雄訳、日本教文社、2005（原1982）
・アラン・**ソーカル**、ジャン・**ブリクモン**『「知」の欺瞞――ポストモダン思想における科学の濫用』、田崎晴明、大野克嗣、堀茂樹訳、岩波書店、2000（原1998）
・ラム・**ダス**、ラマ・**ファウンデーション**『ビー・ヒア・ナウ――心の扉をひらく本』、吉福伸逸、上野圭一、プラブッダ訳、平河出版社、1987（原1971）
・トーマス・**ディクソン**『科学と宗教』、中村圭志訳、丸善出版、2013（原2008）
・ダニエル・C・**デネット**『解明される宗教――進化論的アプローチ』、阿部文彦訳、青土社、2010（原2006）
・リチャード・**デ・ミル**、マーティン・**マクマホーン**『呪術師カスタネダ　世界を止めた人類学者の虚実』、高岡よし子、藤沼瑞枝訳、大陸書房、1983（原1976）
・A・コナン・**ドイル**①『妖精の出現――コティングリー妖精事件』、井村君江訳、あんず堂、1998（原1922）

・②『コナン・ドイルの心霊ミステリー』、小泉純訳、ハルキ文庫、角川春樹事務所、1998（原文資料は複数）
・③『コナン・ドイルの心霊学』、近藤千雄訳、潮文社、2007（原文資料は複数）
・リチャード・**ドーキンス**①『盲目の時計職人――自然淘汰は偶然か？』、中嶋康裕、遠藤彰、遠藤知二、疋田努訳、日高敏隆監修、早川書房、2004（原1986）
・②『神は妄想である――宗教との決別』、垂水雄二訳、早川書房、2007（原2006）
・マシュー・L・**トンプキンス**『トリックといかさま図鑑』、定木大介訳、日経ナショナルジオグラフィック社、2020（原2019）
・ジョン・**ハーヴェイ**『心霊写真――メディアとスピリチュアル』、松田和也訳、青土社、2009（原2007）
・マイケル・**バーカン**『現代アメリカの陰謀論――黙示録・秘密結社・ユダヤ人・異星人』、林和彦訳、三交社、2004（原2003）
・ロバート・D・**パットナム**、デヴィッド・E・**キャンベル**『アメリカの恩寵――宗教は社会をいかに分かち、結びつけるのか』、柴内康文訳、柏書房、2019
・ユヴァル・ノア・**ハラリ**①『サピエンス全史――文明の構造と人類の幸福』上・下、柴田裕之訳、河出書房新社、2016（原2011）
・②『21 Lessons――21世紀の人類のための21の思考』、柴田裕之訳、河出書房新社、2019（原

２０１９）
・カーティス・**ピープルズ**『人類はなぜＵＦＯと遭遇するのか』、皆神龍太郎訳、文春文庫、２００２（原１９９４）
・スティーブン・**ピンカー**①『21世紀の啓蒙——理性、科学、ヒューマニズム、進歩』上・下、橘明美、坂田雪子訳、草思社、２０１９（原２０１８）
②『人はどこまで合理的か』上・下、橘明美訳、草思社、２０２２
・マリリン・**ファーガソン**『アクエリアン革命——'80年代を変革する「透明の知性」』、松尾弌之訳、実業之日本社、１９８１
・L・**フェスティンガー**、H・W・**リーケン**、S・**シャクター**『予言がはずれるとき——この世の破滅を予知した現代のある集団を解明する』、水野博介訳、勁草書房、１９９５（原１９５６）
・グスタフ・**フェヒナー**『フェヒナー博士の　死後の世界は実在します』、服部千佳子訳、成甲書房、２００８
・H・P・**ブラヴァツキー**『シークレット・ドクトリン　宇宙発生論・上』、田中恵美子、ジェフ・クラーク訳、竜王文庫、１９８９（原１８８８）
・デボラ・**ブラム**『幽霊を捕まえようとした科学者たち』、鈴木恵訳、文春文庫、２０１０（原２００６）
・ピーター・**ブルックスミス**『政府ファイル　ＵＦＯ全事件　機密文書が明かす「空飛ぶ円盤」

50年史』、大倉順二訳、並木書房、1998
・イラ・**プロゴフ**『ユング心理学選書⑫ ユングと共時性』、河合隼雄、河合幹雄訳、創元社、1987（原1973）
・ジョン・**ベロフ**『超心理学史——ルネッサンスの魔術から転生研究までの四〇〇年』、笠原敏雄訳、日本教文社、1998（原1993）
・ボビー・**ヘンダーソン**『反★進化論講座 空飛ぶスパゲッティ・モンスターの福音書』、片岡夏実訳、築地書館、2006（原2006）
・アリスター・E・**マクグラス**、ジョアンナ・C・**マクグラス**『神は妄想か？——無神論原理主義とドーキンスによる神の否定』、杉岡良彦訳、教文館、2012
・リー・**マッキンタイア**『ポストトゥルース』、大橋完太郎監訳、居村匠、大﨑智史、西橋卓也訳、人文書院、2020（原2018）
・レイモンド・A・**ムーディ・Jr**『かいまみた死後の世界』、中山善之訳、評論社、1989（原1975）
・アニエラ・**ヤッフェ**編『ユング自伝I——思い出・夢・思想』、河合隼雄、藤縄昭、出井淑子訳、みすず書房、1972
・ジョゼフ・E・**ユージンスキ**『陰謀論入門——誰が、なぜ信じるのか？』、北村京子訳、作品社、2022（原2020）

・C・G・**ユング**、W・**パウリ**『自然現象と心の構造――非因果的連関の原理』、河合隼雄、村上陽一郎訳、海鳴社、1976（原1955）
・バートランド・**ラッセル**『宗教から科学へ』、津田元一郎訳、荒地出版社、1969（原1935）
・ポール・**ラディン**、カール・**ケレーニイ**、C・G・**ユング**『トリックスター』、皆河宗一、高橋英夫、河合隼雄訳、晶文社、1974（原1956）
・マリーズ・**リズン**『1冊でわかる　ファンダメンタリズム』、中村圭志訳、岩波書店、2006
・アーシュラ・K・**ル＝グウィン**『ゲド戦記』全6巻のうち初期3巻、岩波書店、1976～1977
・エドワード・J・**ルッペルト**『未確認飛行物体に関する報告』、Japan UFO Project 監訳、開成出版、2002（原1956）
・セオドア・**ローザク**『意識の進化と神秘主義――科学文明を超えて』、志村正雄訳、紀伊國屋書店、1978（原1975）
・エリザベス・F・**ロフタス**『目撃者の証言』、西本武彦訳、誠信書房、1987（原1979）
・エリザベス・F・**ロフタス**、K・**ケッチャム**①『抑圧された記憶の神話――偽りの性的虐待の記憶をめぐって』、仲真紀子訳、誠信書房、2000（原1994）
・②『目撃証言』、厳島行雄訳、岩波書店、2000（原1991）
・ライアル・**ワトソン**『生命潮流――来たるべきものの予感』、木幡和枝、村田恵子、中野恵津子訳、

工作舎、１９８１（原１９７９）

・George **Adamski**, *Inside The Spaceships*（久保田八郎訳では『空飛ぶ円盤同乗記』）: Free Download, Borrow, and Streaming:Internet Archive: https://archive.org/details/george-adamski-inside-the-spaceships_202103
・Elizabeth **Anderson**, "If God Is Dead, Is Everything Permitted?" Christopher Hitchens ed, *The Portable Atheist, Essential Readings for the nonbeliever*, Da Capo Press, USA, 2007
・**ASIOS**①『謎解き超常現象』Ⅰ〜Ⅳ、彩図社、２００９〜２０１４
・②『謎解き超科学』、彩図社、２０１３
・③『ＵＦＯ事件クロニクル』、彩図社、２０１７
・④『昭和・平成オカルト研究読本』、サイゾー、２０１９
・⑤『超能力事件クロニクル』、彩図社、２０２０
・⑥『増補版　陰謀論はどこまで真実か』、文芸社、２０２１
・Arthur Conan **Doyle** ①, *The New Revelation*: https://www.arthur-conan-doyle.com/index.php?title=The_New_Revelation#II._The_Revelation
・②*The Vital message*: https://www.arthur-conan-doyle.com/index.php?title=The_Vital_Message#III._The_Great_Argument

·Stephen **Fry**, Richard **Dawkins**, Daniel **Dennett**, Sam **Harris**, & Christopher **Hitchens**, *The Four Horsemen, The Discussion That Sparked an Atheist Revolution*, Bantam Press, 2019

·Robert A. **Hinde**, *Why Gods Persist, A Scientific Approach to Religion*, Routledge, London/New York, 2010

·Edward J. **Larson**, *Summer for the Gods, The scopes Trial and America's Continuing Debate Over Science and Religion*, Basic Books, a member of the Perseius Books Group, New York, 2006

·Elizabeth **Loftus**, How reliable is your memory?: https://www.ted.com/talks/elizabeth_loftus_how_reliable_is_your_memory

·J. Gordon **Melton**, *New Age Encyclopedia*, Fifth Edition, Gale Research Inc. Detroit/London, 1990

·Armin **Navabi**, *Why There Is No God, Simple Responses to 20 Common Arguments for the Existence of God*, Atheist Republic, 2014

·J. K. **Rowling**, *Harry Potter and the Goblet of Fire*, Bloomsbury, London, 2000

図版出典

◆1-1　Getty Images
◆2-1　井上円了 著『妖怪学講義』合本 第4册 心理學部門、哲学館、大正5、国立国会図書館デジタルコレクション https://dl.ndl.go.jp/pid/925868
◆2-6　井上圓了 講述『妖怪學講義』合本第1册、哲學館、1896、国立国会図書館デジタルコレクション https://dl.ndl.go.jp/pid/1080792
◆4-5　福来友吉 著『透視と念写』、東京宝文館、大正2、国立国会図書館デジタルコレクション https://dl.ndl.go.jp/pid/951182
◆6-3　Getty Images
◆6-4　Getty Images
◆7-2　Ram Dass, *Be Here Now*, Lama Foundation, 1971

★下記はいずれもパブリックドメイン
◆1-2, 1-4, 2-3, 2-4, 2-5, 3-2, 3-3, 3-5, 3-7, 3-8, 3-9, 4-1, 4-2, 4-3, 5-1, 6-1

図表、イラスト　安賀裕子
◆0-1, 1-3, 2-2, 3-1, 3-4, 3-6, 4-4, 5-2, 6-2, 7-1, 7-3, 8-1, 8-2, 9-1

中村圭志《なかむらけいし》

宗教研究者、翻訳家。１９５８年、北海道生まれ。東京大学大学院人文科学研究科博士課程満期退学（宗教学・宗教史学）。昭和女子大学非常勤講師。著書に『聖書、コーラン、仏典』『宗教図像学入門』（ともに中公新書）、『人は「死後の世界」をどう考えてきたか』（ＫＡＤＯＫＡＷＡ）、『24の「神話」からよむ宗教』（日経ビジネス人文庫）、『世界の深層をつかむ宗教学』（ディスカヴァー・トゥエンティワン）ほか多数。

亜宗教《あしゅうきょう》

オカルト、スピリチュアル、疑似科学《ぎじかがく》から陰謀論《いんぼうろん》まで

インターナショナル新書一二一

二〇二三年四月一二日　第一刷発行

著者　中村圭志《なかむらけいし》

発行者　岩瀬　朗

発行所　株式会社　集英社インターナショナル
〒一〇一－〇〇六四　東京都千代田区神田猿楽町一－五－一八
電話　〇三－五二一一－二六三〇

発売所　株式会社　集英社
〒一〇一－八〇五〇　東京都千代田区一ツ橋二－五－一〇
電話　〇三－三二三〇－六〇八〇（読者係）
〇三－三二三〇－六三九三（販売部）書店専用

装幀　アルビレオ

印刷所　大日本印刷株式会社

製本所　大日本印刷株式会社

ISBN978-4-7976-8121-5　C0214